SPANISH 641.01 Es696in
Esquivel, Laura, 1950-
Intimas suculencias :
tratado filosófico de
KMAN   1034075810

WITHDRAWN

WORN, SOILED, OBSOLETE

AUG 3 1999

P9-BNY-066

D0794360

Laura Esquivel

Íntimas suculencias
Tratado filosófico de cocina

Adornos de F. Meléndez

Ollero & Ramos Editores

Plaza & Janés Editores

Reservados todos los derechos. Ninguna parte de esta publicación
puede ser reproducida ni registrada por medio alguno sin el permiso
previo y por escrito de los titulares del copyright.

© Laura Esquivel, 1998

© *De las ilustraciones:* La Biblioteca
    de Lastanosa de F. Meléndez, 1998
© *Creación editorial:* Ollero & Ramos, S.L., 1998

© *De esta edición:* Ollero & Ramos, Editores, S.L. (Madrid)

Tipógrafo: Alfonso Meléndez

ISBN: 84-7895-111-3
Depósito Legal: B-42206-1998
Impreso en España

Distribuye: Plaza & Janés, Editores

Índice

Prólogo

Primero que nada quiero agradecer a Julio Ollero su empeño en publicar esta antología de textos. Hace tiempo que yo no les prestaba atención pues consideraba que ya habían cumplido su cometido inicial y que, como toda obra terminada, habían ganado una independencia que salía de mi control. Tal vez por eso, cuando Mercedes Casanovas, mi agente literaria, me habló de la propuesta de Julio, tomé el camino de la duda. Me veía obligada a enfrentar escritos que no había revisado en algún tiempo y que, al menos aparentemente, habían perdido su dinamismo. El primer acercamiento me hizo comprender una realidad que no había tomado en cuenta: la obra seguía teniendo sentido incluso fuera del contexto exacto en que había sido creada. Sin embargo, mientras leía los artículos, las ponencias y los prólogos que integran el presente libro, tuve la impresión de que había algo muy importante que había querido compartir, que había una sensación, una experiencia vital, un gesto tal vez, un olor o una melodía que eran generados por cada uno de los temas y que habían quedado fuera de la narración. Se me había escapado algo, tal vez "otra voz". La "otra voz", concluí, es la vida misma, la experiencia del arte llevada a la vida. Toda narración hace sentido profundo cuando se encarna intensamente en la vida concreta de las personas. Cuando un poema, por ejemplo, se reencuentra en los colores de la fruta de un puesto de mercado, cuando una novela se reconoce en el rostro a veces impávido de la cajera de un banco o en el sabor de una comida cocinada con el placer de la pasión.

Por lo mismo, publicar nuevamente los textos seguía representando un conflicto, sentí que ponerlos en circulación podría implicar un acto estéril, sobre todo por la inclusión de una serie de recetas que escribí en circunstancias muy particulares: cuando apareció *Como agua para chocolate*, la revista *Vogue* me ofreció escribir su sección de cocina. Me propusieron crear, al igual que en la novela, una pequeña historia para acompañar cada una de las recetas. El mecanismo se gastó pronto. La experiencia, que en un principio había sido interesante, amenazaba a extinguirse a sí misma y se estaba volviendo peligrosamente repetitiva. Dejé de escribir esa sección antes de que se agotaran del todo las posibilidades y pensé que ese proceso estaba totalmente concluido. Ahora de pronto tenía que revivir las viejas recetas cuando creía firmemente que su momento ya había pasado, que se trataba de textos que yo había superado al descubrir que la vida estaba en otra parte y encontraba más interesante ir al mercado a oler las frutas y las verduras que sentarme a releerlos. Sin embargo, yo escribo. ¿Cómo vivir esta aparente contradicción:

vivir o escribir? Me puse a pensar mucho. Hasta que me di cuenta que no había realmente ninguna contradicción. La vida no se sustituye con la literatura ni la literatura con la vida. Sólo quien pretende negar una a través de la otra cae en una contradicción. Nadie que ame la vida puede despreciar la literatura y nadie que ame la literatura puede despreciar la vida. Pero leer es también vivir: vivir leyendo y leer la vida. Encerrarse en la lectura de las letras es negar el principio vital motor del arte: la vida vivida. La otra voz era la vida que va y viene, hasta y desde la obra, porque es a la vez su alimento y su destino. Es indispensable recordar que en algunos momentos de nuestra historia nos olvidamos de uno de los lados. Por pensar mucho en la literatura nos olvidamos de vivir o por vivir nos olvidamos de volver literatura nuestra experiencia. Llegada a esa conclusión, respiré con alivio. Visto desde un ángulo correcto, los textos seguían teniendo vitalidad y eran dignos de recibir una nueva mirada.

●

Superado ese obstáculo, me encontré con otro problema. En varios foros presenté ponencias donde hablé de una idea que me obsesiona: el hombre nuevo. Para mí es un asunto vital y no me importó exponerlo una y otra vez, en los distintos lugares y países a los que asistí, pero descubrí que ahora, reunidos dentro de un mismo libro, los escritos podrían resultar reiterativos. Estuve tentada a suprimir algunos de ellos pero decidí que no, que era importante, a pesar del riesgo, insistir en ese tema. ¿Por qué considero fundamental tocar el tema? ¿Quién es ese hombre nuevo? El hombre nuevo es aquel que consigue reintegrar a su vida el pasado y las enseñanzas del pasado, los sabores perdidos, la música que olvidamos, las caras de los abuelos, los gestos de los muertos. Es el hombre que no olvida que lo más importante no es la producción sino el hombre que produce. Que el bienestar del hombre —de todos los hombres— debe ser el principal objetivo del desarrollo del hombre. Que el hombre nuevo es el hombre completo, el que ha conseguido superar la maldición que nos escinde y nos hace ser seres mutilados e infelices. El hombre nuevo es el que lee en la vida y que lee la vida, que lee la literatura y vive la literatura, el que vive la vida y la reencuentra en la literatura porque sus actos son de vida. En ese sentido, publicar mis textos nuevamente tenía un sentido: volver a invocar la vida a través de esos pequeños retazos de intimidad, volver a recordarle a la gente que es indispensable leer y vivir con la misma intensidad, recordarles nuevamente que sin sabor la vida no vale la pena ser vivida y que sin sabor de vida la literatura no existe.

En torno al fuego

Los primeros años de mi vida los pasé junto al fuego de la cocina de mi madre y de mi abuela, viendo cómo estas sabias mujeres, al entrar en el recinto sagrado de la cocina, se convertían en sacerdotisas, en grandes alquimistas que jugaban con el agua, el aire, el fuego, la tierra, los cuatro elementos que conforman la razón de ser del universo. Lo más sorprendente es que lo hacían de la manera más humilde, como si no estuvieran haciendo nada, como si no estuvieran transformando el mundo a través del poder purificador del fuego, como si no supieran que los alimentos que ellas preparaban y que nosotros comíamos permanecían dentro de nuestros cuerpos por muchas horas, alterando químicamente nuestro organismo, nutriéndonos

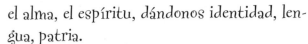

el alma, el espíritu, dándonos identidad, lengua, patria.

Fue ahí, frente al fuego, donde recibí de mi madre las primeras lecciones de lo que era la vida. Fue ahí donde Saturnina, una sirvienta recién llegada del campo, a quien cariñosamente llamábamos Sato, me impidió un día pisar un grano de maíz tirado en el piso porque en él estaba contenido el Dios del Maíz y no se le podía faltar al respeto de esa manera. Fue ahí, en el lugar más común para recibir visitas, donde yo me enteré de lo que pasaba en el mundo. Fue ahí donde mi madre sostenía largas pláticas con mi abuela, con mis tías y de vez en cuando con algún pariente ya muerto. Fue ahí, pues, donde atrapada por el poder hipnótico de la llama, escuché todo tipo de historias, pero sobre todo, historias de mujeres.

Más tarde, tuve que salir, me alejé por completo de la cocina. Tenía que estudiar, prepararme para mi actuación futura en la

sociedad. La escuela estaba llena de conocimientos y sorpresas. Para empezar, me enteré
que dos más dos son cuatro, que ni los muertos ni las piedras ni las plantas hablan, que no
existen los fantasmas, que el Dios del Maíz
y todos los demás dioses pertenecen al pensamiento mágico, primitivo del ser humano
que no tiene cabida en el mundo racional, cien-
tífico, moderno. ¡Uf, cuántas cosas aprendí!
En esa época, me sentía tan superior a las
pobres mujeres que pasaban su vida encerra-
das en la cocina. Sentía mucha lástima de que
nadie se hubiera encargado de hacerles saber,
entre otras cosas, que el Dios del Maíz no
existía. Creía que en los libros y en las universidades estaba contenida la verdad del universo. Con mi título en una mano y el germen
de la revolución en la otra el mundo se abría
para mí. El mundo público, por supuesto, un
mundo completamente alejado del hogar.
Muchas de nosotras participamos durante

los años sesenta en la consolidación de la lucha que otras mujeres ya habían iniciado a principios de siglo. Sentíamos que los urgentes cambios sociales que se necesitaban en ese momento se iban a dar fuera de la casa. Todas teníamos que incorporarnos, salir, luchar. No había tiempo que perder, mucho menos en la cocina. Lugar por demás devaluado, junto con las actividades hogareñas que se veían como actos cotidianos sin mayor trascendencia que únicamente obstaculizaban la búsqueda del conocimiento, el reconocimiento público, la realización personal. Las mujeres, pues, no pensamos dos veces el abandonar nuestro mundo íntimo y privado para participar activamente en el mundo público, con la sana intención de lograr importantes cambios sociales que culminarían con la aparición del "Nuevo Hombre". Y junto a los hombres tomamos las calles y a veces repartíamos flores y a veces consignas. Y por todos lados se escuchaban nuestros cantos de protesta, y nos pusimos pantalones y arrojamos los sostenes por la ventana.

Mientras todo esto pasaba y aparecía el nuevo hombre, una explosión de amor me hizo casarme con un hombre extraordinario y tener una hija maravillosa... a los cuales tenía que alimentar. No por obligación, por amor. Sin embargo, el retorno a la cocina no me fue tan fácil. Yo quería que mi hija conociera su pasado, comiendo lo mismo que yo había comido en mi niñez. Lo malo fue que ya no me acordaba de las recetas de la familia. Al principio, llamaba a mi madre por teléfono pero un día, apenada por mi falta de memoria, intenté recordar una receta por mí misma y fue así que descubrí que, efectivamente, como lo había sabido en mi niñez, era posible escuchar voces en la cocina. Oí con toda claridad a mi madre dictándome la receta paso a paso. Después, ya con un poco más de práctica, pude escuchar la voz de mi

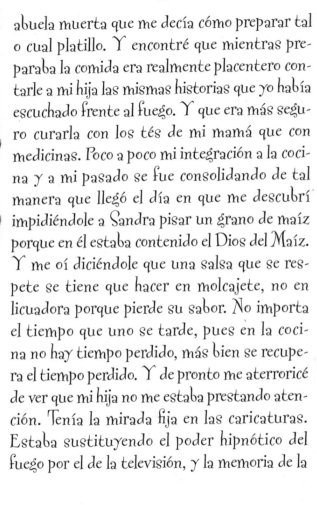

abuela muerta que me decía cómo preparar tal o cual platillo. Y encontré que mientras preparaba la comida era realmente placentero contarle a mi hija las mismas historias que yo había escuchado frente al fuego. Y que era más seguro curarla con los tés de mi mamá que con medicinas. Poco a poco mi integración a la cocina y a mi pasado se fue consolidando de tal manera que llegó el día en que me descubrí impidiéndole a Sandra pisar un grano de maíz porque en él estaba contenido el Dios del Maíz. Y me oí diciéndole que una salsa que se respete se tiene que hacer en molcajete, no en licuadora porque pierde su sabor. No importa el tiempo que uno se tarde, pues en la cocina no hay tiempo perdido, más bien se recupera el tiempo perdido. Y de pronto me aterroricé de ver que mi hija no me estaba prestando atención. Tenía la mirada fija en las caricaturas. Estaba sustituyendo el poder hipnótico del fuego por el de la televisión, y la memoria de la

tribu por la de los comerciales. ¡El espanto me quitó el habla! Y miles de preguntas me quitaron el sueño. ¿Qué había pasado? ¿Dónde estaba el error? ¿Qué sociedad habíamos formado? ¿Qué habíamos logrado las mujeres con nuestra salida del hogar? La obtención de derechos que nos correspondían, un reconocimiento a nuestra actividad intelectual y un lugar dentro del mundo público. ¡Sí! Pero con enorme tristeza tuve que aceptar que ninguna de las revoluciones en las que participamos logró crear un sistema propicio para la aparición del "Nuevo Hombre". Pues éste no puede surgir de una sociedad en desequilibrio, de una sociedad encaminada únicamente a la producción y al consumismo, de una sociedad que no satisface por igual las necesidades materiales como las espirituales del ser humano. Urge nuevamente un cambio. Es necesario ajustar nuestra escala de valores y modificar las sociedades donde los intereses económicos llevados

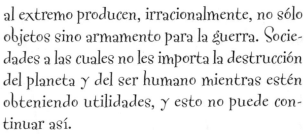

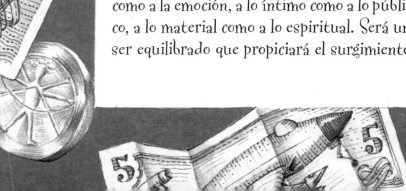

de sociedades en equilibrio. Un ser que comprenderá claramente que la realización personal no debe estar ligada únicamente a un reconocimiento público y a una retribución económica. Un ser que cuestionará su participación activa dentro de la sociedad, preguntándose si debe trabajar en una fábrica que está contaminando enormemente el ambiente aunque le estén pagando muy bien por realizar ese trabajo. Un ser que como respuesta buscará otras maneras de producir y obtener ganancias económicas. Un ser que valorará los pequeños actos realizados en la intimidad en su verdadera dimensión y trascendencia, porque entenderá que son actos que están modificando la sociedad de igual manera que los que se realizan públicamente, actos que elevan nuestra condición humana y nos permiten entrar en comunión con nuestro pasado para saber de dónde venimos y hacia dónde debemos ir.

De pronto, quise recorrer nuevamente el camino andado para hacer un recuento de los grandes logros obtenidos, pero también para rescatar las cosas esenciales que las mujeres habíamos perdido en el camino. Compartir con todo el mundo mis dudas y mi experiencia culinaria, amorosa, cósmica... y escribí *Como agua para chocolate*, que no es sino el reflejo de todo lo que soy como mujer, como esposa, como madre, como hija. En este renglón y hablando de seres en equilibrio, es necesario mencionar a un ser muy importante en mi vida al que también le debo lo que soy: a mi padre. De él aprendí la risa, la ternura, el placer por el juego y la creación, la independencia, la generosidad. El amor y respeto que siento por él, me han permitido establecer una buena relación con el mundo masculino y es gracias a su maravillosa imagen que en mi obra hay un equilibrio entre lo masculino y lo femenino. Aquí me van a perdonar el atrevimiento, pero pienso que ¡realmente las mujeres somos muy afortunadas de que en el mundo existan los hombres! Los dioses son muy sabios y si los crearon fue por algo. Por la misma razón que crearon el sol y la luna. La luz y la oscuridad. El águila y la serpiente. Para ser el complemento ideal y gracias al cual se nos permite alcanzar la gloria.

En mi vida, esta unión amorosa, pasional, intensa entre lo masculino y lo femenino dio como fruto un libro y una película que encierran mi pasado familiar, mi conciencia nacional, mis obsesiones, mis temores, mis esperanzas y más que nada la creencia en el amor de pareja. Amor que ahora es público y anda circulando en cines y librerías de todo el mundo y que me ha hecho merecedora de reconocimientos públicos. Reconocimientos que siento el deber de compartir con mi madre, con mi hija, con mi abuela, con mis hermanas, con Sato, con Tita y con todas las mujeres antes y después que ellas

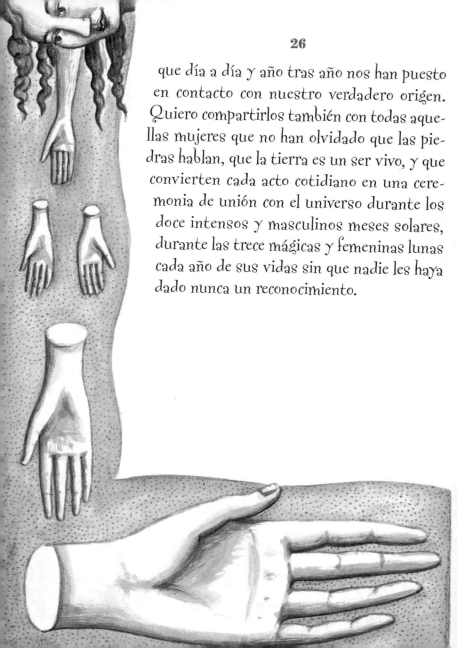

que día a día y año tras año nos han puesto en contacto con nuestro verdadero origen. Quiero compartirlos también con todas aquellas mujeres que no han olvidado que las piedras hablan, que la tierra es un ser vivo, y que convierten cada acto cotidiano en una ceremonia de unión con el universo durante los doce intensos y masculinos meses solares, durante las trece mágicas y femeninas lunas cada año de sus vidas sin que nadie les haya dado nunca un reconocimiento.

¡Arriba Dios!
¡Abajo el Diablo!

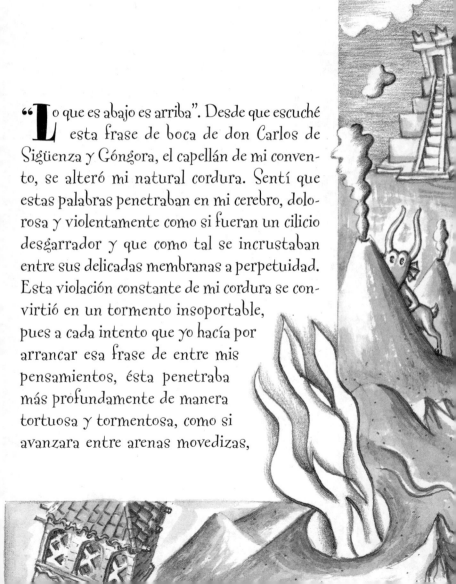

"Lo que es abajo es arriba". Desde que escuché esta frase de boca de don Carlos de Sigüenza y Góngora, el capellán de mi convento, se alteró mi natural cordura. Sentí que estas palabras penetraban en mi cerebro, dolorosa y violentamente como si fueran un cilicio desgarrador y que como tal se incrustaban entre sus delicadas membranas a perpetuidad. Esta violación constante de mi cordura se convirtió en un tormento insoportable, pues a cada intento que yo hacía por arrancar esa frase de entre mis pensamientos, ésta penetraba más profundamente de manera tortuosa y tormentosa, como si avanzara entre arenas movedizas, arenas que hacían morir la esperanza de que algún día esta idea se alejara de mí y dejara de mortificarme y de nublar mi comprensión. Por más que don Carlos se esmeró en explicarme que "lo que es arriba es abajo" se refería a una ley del universo que establece que las mismas condiciones y fenómenos que se aprecian en este mundo suceden y se reproducen simultáneamente en otro plano superior, no entendí nada. Si todo lo que existe sobre la Tierra, tiene su igual en el cielo, lógicamente todo lo que está abajo de la Tierra es igual a lo que está arriba, o sea a la Tierra y por ende al cielo, y esto me resultaba de lo más aberrante, pues significaba que el infierno era lo mismo que el cielo y que los indios eran lo mismo que los españoles y esto no podía ser, pues los indios, como su nombre lo indica, son plebeyos, feos, sacrílegos, viles, pecadores, prietos, mugrosos y herejes y, por lo tanto, al morir

tienen bien merecido el habitar el reino de Satanás, todo lo contrario de nosotros los españoles de buena casta, blancos, católicos, virtuosos y de buenas costumbres. ¿Qué tenía que ver yo, hija de una de las mejores familias de la Nueva España, con los indios paganos que estaban enterrados bajo mi casa? ¿Qué tenía que ver mi bello convento de La Concepción, que orgullosamente estrenaba en este año, en la ciudad, la primera cúpula construida sin tambor, pero con ventanas de media naranja y linternilla, con la cruel y sanguinaria arquitectura de la gran Tenochtitlán? Y ¿qué tenía que ver la señorial casona de mis padres con los restos del templo que estaba abajo de ella y los salvajes y desenfrenados ritos que los indios acostumbraban realizar en él? Nada. Absolutamente nada. Dios nos había hecho a los españoles a su imagen y semejanza, en cambio los indios estaban hechos a la imagen horrenda de Satanás. Pero una terrible duda empezó materialmente

a enfermarme: ¿Qué tal si los ladinos indios querían verdaderamente igualarse con nosotros y utilizando las excelentes relaciones que de seguro tenían con Luzbel, trataban, con su maléfica ayuda, de hacernos perder el inefable don de la gracia al presentarnos, de una manera muy apetecible, los alimentos germinados bajo esta tierra que ellos cubrieron de iniquidad al mancharla con su sangre? Ese siniestro Belcebú ya había tentado una vez con una manzana, en el Edén, al padre de la humanidad y bien podría intentar repetir el mecanismo. Por tanto, me empezó a obsesionar la idea de que todos aquellos alimentos que se generaban en el interior de esta tierra maligna estaban endemoniados y que todo aquel que los comía entraba en comunión con ese mundo de horror y tinieblas, condenando su alma a los infiernos. En consecuencia, empecé a rechazar desde la más bella flor hasta el fruto más apetitoso si su origen era mexica. Los únicos alimentos que ingería tenían que ser ciento por ciento de origen español y bajo ninguna circunstancia admitía el mestizaje gastronómico. Esta decisión no era nada fácil de llevar a cabo si se tiene un estómago antojadizo como el mío. Sabedora de mis debilidades, al llegar a la acequia que corría al costado del palacio y la plaza mayor, por donde se deslizaban las canoas de los indios cargadas de frutas, legumbres, granos y flores, procuraba no mirar ni oler ni imaginar siquiera la presencia del maíz, el frijol, la chía, el jitomate, la calabaza, la piña, la chirimoya, la papaya, los capulines, el aguacate, el mamey, el zapote, el chicozapote, la guayaba, las ciruelas, los jocotes, los tejocotes, las pitahayas, el chayote, los chiles, la anona, el chilacayote y las ciruelas. En general, podía evitarlos sin dificultad, lo mismo que los puestos donde se vendían ranas, patos, chichicuilotes, acociles y huevos de mosco. ¿Pero, cómo no oler el cacao? ¿Cómo regresar al frío y húmedo convento sin

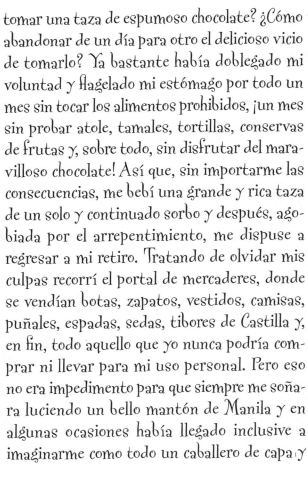

tomar una taza de espumoso chocolate? ¿Cómo abandonar de un día para otro el delicioso vicio de tomarlo? Ya bastante había doblegado mi voluntad y flagelado mi estómago por todo un mes sin tocar los alimentos prohibidos, ¡un mes sin probar atole, tamales, tortillas, conservas de frutas y, sobre todo, sin disfrutar del maravilloso chocolate! Así que, sin importarme las consecuencias, me bebí una grande y rica taza de un solo y continuado sorbo y después, agobiada por el arrepentimiento, me dispuse a regresar a mi retiro. Tratando de olvidar mis culpas recorrí el portal de mercaderes, donde se vendían botas, zapatos, vestidos, camisas, puñales, espadas, sedas, tibores de Castilla y, en fin, todo aquello que yo nunca podría comprar ni llevar para mi uso personal. Pero eso no era impedimento para que siempre me soñara luciendo un bello mantón de Manila y en algunas ocasiones había llegado inclusive a imaginarme como todo un caballero de capa y

espada, pero ese día mi imaginación estaba
trastornada por la espuma del chocolate que me
subía desde el estómago hasta la cabeza e inun-
daba mis ojos y los hacía alucinar miles de círcu-
los de color chocolate tornasol. Dentro de uno
de esos diminutos aros, me vi a mí misma
saliendo del vientre de la ciudad, o sea del
centro de la plaza mayor, de entre una interminable caterva de indios andrajosos y una
procesión de frailes y monjas, con el pelo suel-
to y moviendo las caderas de un modo lascivo,
vestida con una falda de tela burda y transpa-
rente, como la que usaban las mulatas. Frente
a mí estaba el templo mayor de Tenochtitlán y
por su empinada escalinata, monjas y sacerdotes españoles ascendían a los trece estratos ce-
lestes. Yo trataba de subir, al igual que ellos,
pero los indios me lo impedían. Con sus manos
me arrancaban a jirones el vestido y me deja-
ban desnuda y aturdida ante el incesante gri-
terío de pregones, el ruido ensordecedor de las

campanas y el escandaloso rodar del carruaje del Virrey en su camino hacia palacio. Y yo corría por un túnel oscuro y descendía poco a poco hasta Mictián, en lo más profundo de los inframundos. Pero Dios, bendito sea, siempre benigno y misericordioso, no quiso despojarme enteramente de sus auxilios en medio del caos que reinaba en mi mente e iluminó mi conciencia con un rayo de su luz para que con él pudiera regir mi destino y encaminarlo hacia su vera. Pude correr entonces hasta la entrada de la catedral y me tiré boca abajo sobre las baldosas del suelo y las lamí, y las lamí mientras avanzaba hacia el portón central, hasta que mi lengua quedó seca y lastimada, sin saliva y sin rastros del maldito chocolate. Pedí perdón mil veces mientras destrozaba y derribaba las imágenes de los santos que adornaban la nave principal del templo. El Supremo Creador me escuchó y me dio su absolución porque Él sabe toda la verdad y sabe que, en verdad, los indios

y los españoles eran lo mismo, los sacerdotes del Santo Oficio son los mismos sacerdotes aztecas sacrificando vidas para venerarlo, que, en verdad, cada uno de los ídolos aztecas es igual a cada una de las imágenes de los santos, que, en verdad, Luzbel estaba hecho también a su imagen y semejanza, que, en verdad, así como los sacerdotes aztecas bebían la sangre y devoraban el cuerpo de sus sacrificados, los sacerdotes españoles tomaban la sangre y comían el cuerpo de Cristo, que, en verdad, al beber el chocolate se entraba en comunión con Mictián, pero por lo mismo y al mismo tiempo, con las más altas esferas del cielo, puesto que "lo que es abajo es arriba".

Ahora, lo único que tengo que hacer es convencer de todo ello a los inquisidores del tribunal del Santo Oficio, que mañana vendrán para juzgarme.

Sopa de manzana

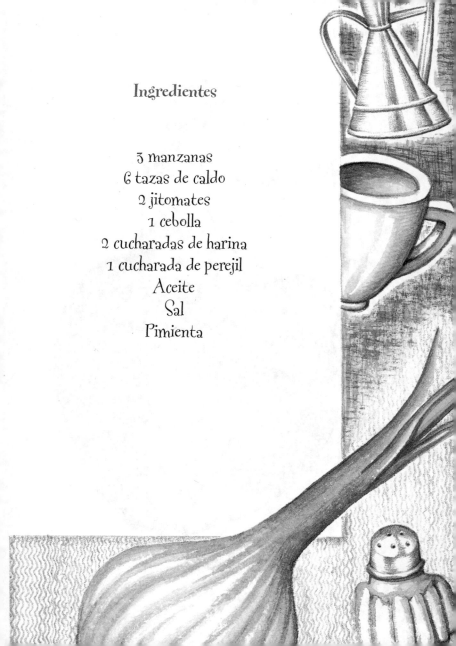

Ingredientes

3 manzanas
6 tazas de caldo
2 jitomates
1 cebolla
2 cucharadas de harina
1 cucharada de perejil
Aceite
Sal
Pimienta

Las manzanas se pelan, se parten en cuadritos y se ponen a remojar en agua con una cucharada de sal para que se conserven blancas. Desde que yo recuerdo, esta sopa se preparaba en casa con motivo de la visita que mi tío realizaba a la capital cada año. Mientras yo ayudaba a mi madre a prepararla, escuchaba lo sencillo, lo bueno, lo inteligente, lo guapo, lo simpático y lo maravilloso que era mi tío. Las palabras de mi madre actuaban en mi interior como gas vanidoso, que inflaba mi pecho cual si fuera un globo y lo enderezaba con orgullo. ¡Qué importante me sentía de pertenecer a la familia Romero! En todo México no podía existir una de mejor casta, linaje y alcurnia. Era inevitable que mientras se doraba la

harina y se ponía a freír en el aceite hasta que
dorara, se hablara de la última empresa del por-
tentoso tío, y mientras se molían el jitomate
y la cebolla y se ponían a hervir hasta que
sazonaran, se comentaran sus más recientes
adquisiciones. Fue una de esas tardes, mientras movía continuamente el caldillo para que
no se le formaran grumos, cuando escuché
que mi tío había sido llamado por el goberna-
dor a ocupar un puesto político en el estado de
Tabasco. Yo no tenía idea de qué clase de trabajo realizaba un político, pero por la reacción
jactanciosa de mi madre, me imaginaba que
uno muy importante y bien pagado. Al poco
tiempo, lo corroboré al ver el incremento del
costo de los regalos que nos traía en sus visitas, y el tipo de vida que llevaba. Cada vez eran
más frecuentes sus viajes a la capital y al
extranjero. Podía darse el lujo de visitar Euro-
pa, China, Japón y demás países exóticos. Mi
casa se llenó de objetos extraños, que podíamos

presumir con las vecinas. Cuando mi tío anunciaba su visita, de inmediato nos poníamos a prepararle la sopa de manzana, su preferida a pesar de haber comido en los mejores restaurantes del mundo. ¡Con qué esmero cuidábamos todos los detalles de su preparación! Nuestro deseo por agradarlo nos hizo convertirnos en unas expertas. Sabíamos perfectamente cuál era el tamaño indicado para partir los trozos de fruta, en qué momento era necesario dejar de dorar la harina e incorporarle el jitomate, en qué momento éste estaba sazonado y listo para agregarle el caldo, la sal y la pimienta y cuál era el instante perfecto para incorporar las manzanas bien escurridas y el perejil. Las dejábamos hervir hasta que estuvieran cocidas como a mi tío le gustaban y retirábamos la olla de la lumbre. No recuerdo una sola vez en que nos haya quedado mal. Sin embargo, desde que mi tío murió asesinado el año pasado no nos ha vuelto a quedar bien. No

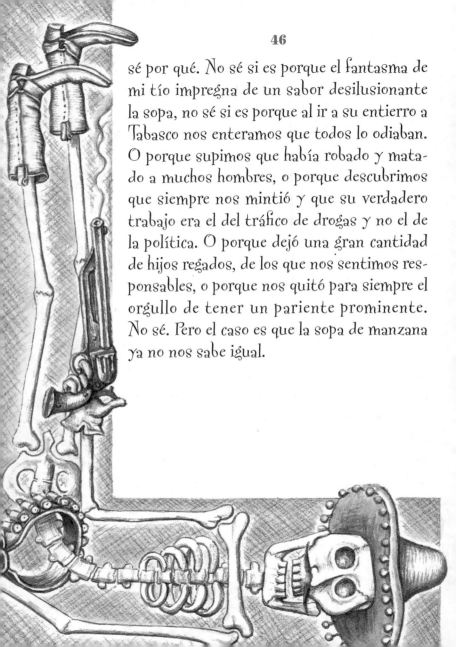

sé por qué. No sé si es porque el fantasma de mi tío impregna de un sabor desilusionante la sopa, no sé si es porque al ir a su entierro a Tabasco nos enteramos que todos lo odiaban. O porque supimos que había robado y matado a muchos hombres, o porque descubrimos que siempre nos mintió y que su verdadero trabajo era el del tráfico de drogas y no el de la política. O porque dejó una gran cantidad de hijos regados, de los que nos sentimos responsables, o porque nos quitó para siempre el orgullo de tener un pariente prominente. No sé. Pero el caso es que la sopa de manzana ya no nos sabe igual.

Entre dos fuegos

La gente común de todos los pueblos, utiliza dichos para expresar su sabiduría. Frecuentemente me valgo de ellos porque encierran grandes verdades universales. Uno muy conocido por todos ustedes es, "Como agua para chocolate" y otro de mis preferidos es "Amor con amor se paga". No puede haber nada más cierto. El único valor equiparable al amor es el amor mismo. Ni el oro, ni las plumas de quetzal, ni las piedras preciosas pueden igualársele. Su valor está por encima de todos los demás. Encuentro que todas las cosas que valen la pena, son las que se realizan por y con amor.

Como agua para chocolate, desde su concepción, estuvo rodeado de amor. La gestación

no comenzó cuando se me ocurrió la idea central de la historia, sino cuando recibí mi primer alimento dado con amor.

Escribí mi novela como un intento de darle el valor que se merece a la transmisión del amor en la cocina. Estoy convencida de que al igual que Tita en mi novela, uno puede imprimir esta emoción a los alimentos, pero también a todas y cada una de las actividades que realiza día con día. Cuando esta carga afectiva es poderosa, es imposible que pase desapercibida. Los demás la sienten, la palpan, la gozan. Cada día lo compruebo más. Yo escribí mi novela con amor, mis agentes, mis editores, mis traductores, mis distribuidores lo han sentido, lo han compartido conmigo y lo han contagiado a los demás. Este libro es el último eslabón en esta cadena amorosa. Y estoy más que satisfecha con la *paga* que mi trabajo ha recibido.

Así es que no me queda más que agradecer a todos los vivos y muertos, ausentes y presentes que contribuyeron con su aire, su tierra, su fuego y su agua al conocimiento de *An Appetite for Passion*. La existencia de este libro me reconcilia con la creencia de que en cuestiones de amor y cocina no existen fronteras. Todo lo que he comido, con quién lo he comido y cómo lo he comido ha determinado lo que soy, y en este renglón tengo que reconocer que por mis venas corre cierta dosis de Coca-Cola.

Me explico: es de todos conocido que mi familia materna es de Piedras Negras. Para mí, Piedras Negras empezaba en Coahuila y terminaba en San Antonio Texas. Sus límites, eran bastante amplios o al menos así me lo parecían. Tal vez es que de niña, la geografía no se me daba. Eso de que de este arbolito para allá es otra cosa, no me entraba en la cabeza. Yo sólo entendía de querencias.

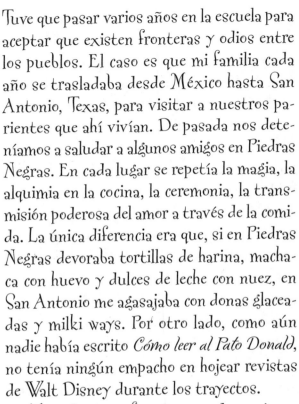

tzizeli

Tuve que pasar varios años en la escuela para aceptar que existen fronteras y odios entre los pueblos. El caso es que mi familia cada año se trasladaba desde México hasta San Antonio, Texas, para visitar a nuestros parientes que ahí vivían. De pasada nos deteníamos a saludar a algunos amigos en Piedras Negras. En cada lugar se repetía la magia, la alquimia en la cocina, la ceremonia, la transmisión poderosa del amor a través de la comida. La única diferencia era que, si en Piedras Negras devoraba tortillas de harina, machaca con huevo y dulces de leche con nuez, en San Antonio me agasajaba con donas glaceadas y milki ways. Por otro lado, como aún nadie había escrito *Cómo leer al Pato Donald*, no tenía ningún empacho en hojear revistas de Walt Disney durante los trayectos.

Y así los años fueron pasando y mis conocimientos sobre geografía aumentando. Mis avances fueron notables. En poco tiempo entendí que Piedras Negras no llegaba hasta San Antonio. Que una ciudad estaba en Estados Unidos y otra en México, que había una frontera de por medio entre ellas y algo más, que la cultura estadounidense poco tenía que ver con la mexicana. No importaba que cada sábado mis hermanas y yo organizáramos unas divertidas tardeadas donde se repartían sandwiches y Coca-Colas, donde se bailaba rock and roll y se mascaba chicle. A todo le encontrábamos su justificación: los sandwiches eran una variación de las tortas y las tortas... no venía al caso saber su origen, eran mexicanas y punto. El gusto por mascar chicle nos venía de los aztecas. Ellos desde antes de la llegada de los españoles mascaban chapopote. El rock and roll no tenía nada de malo, además, era un fenómeno mundial y la Coca-Cola... bueno, pues se había inventado para usos medicinales y tomarla debía de ser muy bueno, ¿o no?

Y los años siguieron pasando y mis conocimientos sobre geografía aumentando. Supe dónde estaba Vietnam. Supe que estaba dividida en dos. Supe que a mi primo de San Antonio lo habían llamado para entrar al ejército. En esa época la Coca-Cola me empezó a saber amarga. Supe que destruía la dentadura y que era dañina para la salud. La empezamos a llamar "las aguas negras del imperialismo yanqui". Dejé de tomarla. Tenía temor de que me transmitiera el horror de la guerra. Afortunadamente los hippies aparecieron en mi mapa geográfico. Supe dónde se encontraba la Universidad de Berkeley y lo que ahí pasaba. En México, los jóvenes también tomamos las calles y repartíamos flores y escuchábamos a Joan Baez y reíamos y hacíamos el amor libremente y creíamos que era posible el nacimiento de un Nuevo Hombre y en fin, creíamos que podíamos cambiar el mundo. Y..., pues no pudimos.

Por mucho tiempo me pregunté cuál había sido el error.

¿Por qué ninguna de las revoluciones en las que participamos logró crear un sistema propicio para la aparición del Nuevo Hombre? ¿Dónde se habían metido los hippies? ¿Joan Baez aún seguía cantando? ¿Qué era de los hijos de Woodstock?

El éxito de mi novela me dio las respuestas. Me hizo viajar por la Unión Americana y darme cuenta de que no era la única a la que le preocupaba establecer una nueva relación con la tierra, con el universo, con lo sagrado. Mucha gente, al igual que yo, había descubierto que la nueva revolución se iba a generar en el mundo íntimo, de los ritos, de las ceremonias. Mucha gente, al igual que yo, estaba tratando desesperadamente de contraponer los valores espirituales a los materiales. Mucha gente, al igual que yo, había preservado el poder del fuego dentro de sus casas y la prueba palpable es este libro.

No sólo eso, es la confirmación de que en mi niñez yo estaba en lo cierto. ¡Las fronteras no existen! Es mentira que una línea divisoria separe a un pueblo de otro pueblo. Es mentira que los hippies hayan cantado en vano: dejaron sembrada una semilla. Es mentira que los estadounidenses no coman chile y frijoles: les encantan. Es mentira que los mexicanos no comamos hamburguesas: lo hacemos con gusto sólo que les añadimos un poco de picante.

Ahora sé que aún no ha muerto la esperanza, que el Nuevo Hombre está en camino, que va a ser un hombre completamente ignorante en geografía, que no le va a importar si el suelo que pisa está de éste o del otro lado, que será capaz de comer una tortillita con el mismo gusto con el que se tome una Coca-Cola pues estará consciente de que lo que importa no es lo que está ingiriendo sino que está participando en una ceremonia que lo remitirá a su origen. A su origen cósmico, que va mucho más allá del étnico. Pues si a esas vamos y los mexicanos somos hijos del maíz, los estadounidenses ya han comido las suficientes palomitas de maíz como para emparentarse con nosotros.

Mole negro de Oaxaca

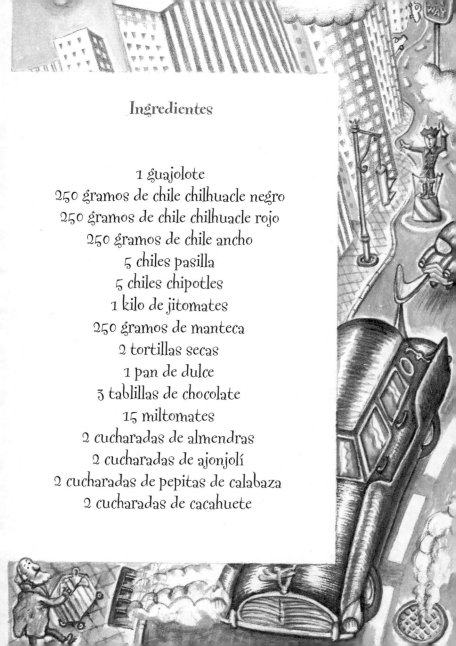

Ingredientes

1 guajolote
250 gramos de chile chilhuacle negro
250 gramos de chile chilhuacle rojo
250 gramos de chile ancho
5 chiles pasilla
5 chiles chipotles
1 kilo de jitomates
250 gramos de manteca
2 tortillas secas
1 pan de dulce
3 tablillas de chocolate
15 miltomates
2 cucharadas de almendras
2 cucharadas de ajonjolí
2 cucharadas de pepitas de calabaza
2 cucharadas de cacahuete

2 cucharadas de nuez
1 cucharada de anís
2 cebollas
1 cabeza de ajo
1 raja de canela
5 clavos
5 pimientas negras
5 pimientas gordas
3 hojas de laurel
3 ramas de mejorana
3 ramas de tomillo
1 cucharada de orégano
1 cucharada de comino
10 hojas de aguacate
Sal

El guajolote se limpia, se parte en piezas y se pone a cocer en suficiente agua con un trozo de cebolla y dos ajos. Mientras leo la receta que me mandó mi sacrosanta madrecita, no dejo de felicitarme por haber pasado gran parte de mi niñez viéndola cocinar mientras hacía mis tareas en la mesa de la cocina, de no ser por esto, ignoraría que hay que quitar la espuma que se le forma al caldo cuando suelta el hervor. No sé por qué se omite este tipo de información en las recetas. Tal parece que las cocineras piensan que todos tienen la obligación de conocer estos detalles de antemano. ¿Dónde se dice que después de pelar y desvenar los chiles hay que limpiarse los dedos con un limón partido a la mitad? Aprenderlo, me costó una tarde con el ojo

adolorido y arrugado por quitarme una chin-
guiña con los dedos enchilados, cuando era niño.
Por fortuna, al menos esto, no me volverá a
pasar. Ahora que vivo en Nueva York, tan lejos
de mi casa y sobre todo de la cocina de mi madre,
la necesidad de preparar comida decente, me ha
ocasionado todo tipo de accidentes chuscos. El
grupo de estudiantes con el que comparto un
departamento en la calle 25 y el río del Este,
ha tenido que sufrir junto conmigo las penali-
dades de mi aprendizaje culinario. Ellos, que
nacieron ahorrando tiempo y que salen de su
compromiso de preparar la comida un día a la
semana abriendo una lata de sopa tamaño individual mezclándola con agua caliente de la llave
y dándonosla a comer dentro de la misma lata
para no ensuciar trastos, no pueden entender
que yo pase una tarde entera cocinando un mole
oaxaqueño, perdiendo el tiempo y exponiéndo-
me a toda clase de accidentes. Pero ¿qué se puede esperar de alguien que desde que nació come

comida congelada, o de lata, sentado en la alfombra y viendo la televisión? Ellos no pueden saber, puesto que nunca lo vivieron, lo agradable que es llegar a casa entre los olores de los frijoles recién cocinados, de un rico puchero o un delicioso mole y comerlo sobre un limpio mantel en compañía de la familia y de las tortillas calientes. ¡Mmm, tortillas calientes! A mitad del invierno, lleno de frío y oscuridad, qué bien me caería un poco de calor, el calor de la cocina de mi jefita, el calor que despiden las plantas de mi casa a media mañana, el calor que nos queda en la garganta y el estómago después de comer mole. No puedo más. ¿Cómo será la cosa que hasta el calor del metro extraño? Y es que en serio en esta ciudad, donde para colmo ahora anochece a las cuatro de la tarde, el sol no calienta. La ilusión de desentumirme un poco el alma me hizo gastar mis últimas monedas del transporte de esta semana y viajar hasta la calle 14 esquina con la 7ª, donde se encuentra mi oasis:

La casa Moneo, pequeña tienda de comida mexicana. Ahí encontré todos los ingredientes que buscaba, desde los chiles secos hasta las clásicas conchas.

Jimmy, mi compañero de cuarto, tose molesto a causa del olor que despiden algunos chiles mientras los frío en manteca. Varias veces ha venido a la cocina por un vaso de agua y me reprocha con la mirada el estar "contaminando y agrediendo el aire que respira", pero no me importa. A mí me agreden más sus sopas de lata y no digo nada. Además, ya sólo me faltan dos chiles para terminar. Después, sólo tengo que freír en el mismo sartén los ajos, la cebolla, las tortillas y la concha. Todo lo demás ya lo tengo listo. Lo preparé al pie de la letra, bueno, aunque tuve que sustituir el comal por un sartén para dorar las almendras, el ajonjolí, los cacahuetes, la nuez y las pepitas de calabaza. Después, en lugar de molerlas en el metate, como debe ser, tuve que utilizar un molino eléctrico.

Y como tampoco tengo molcajete, con el mismo aparato tuve que moler las pimientas, el clavo, el anís, el comino, el orégano, la canela, los clavos y las hojas de laurel, mejorana y tomillo. En fin, espero que esto no altere para nada el sabor del platillo. Mezclando los ingredientes anteriores con el caldo en que se coció el guajolote se forma la pasta del mole. Por separado se muelen en licuadora los jitomates y miltomates. Este caldillo se pone a sazonar en un poco de manteca y después se le añade la pasta del mole. Por último se tuestan las hojas de aguacate y se agregan al mole junto con la sal. Es importante preparar el mole la víspera, para que adquiera un mejor sabor.

El latoso de Jimmy ya vino nuevamente a reclamar que la casa está llena de humo y que no puede respirar. Tal vez la combinación entre el hambre, la nostalgia y el frío me enfermó la mente, pues al escuchar sus palabras, lo saqué a empujones de la cocina. A él no le quedó otra

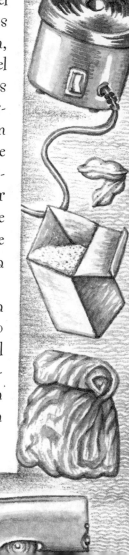

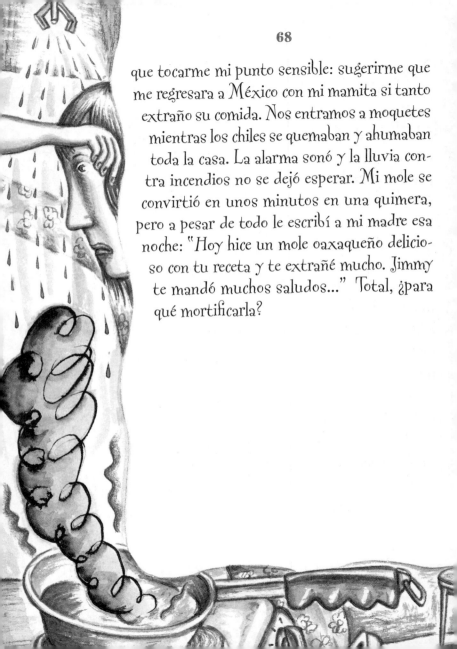

que tocarme mi punto sensible: sugerirme que me regresara a México con mi mamita si tanto extraño su comida. Nos entramos a moquetes mientras los chiles se quemaban y ahumaban toda la casa. La alarma sonó y la lluvia contra incendios no se dejó esperar. Mi mole se convirtió en unos minutos en una quimera, pero a pesar de todo le escribí a mi madre esa noche: "Hoy hice un mole oaxaqueño delicioso con tu receta y te extrañé mucho. Jimmy te mandó muchos saludos..." Total, ¿para qué mortificarla?

Íntimas suculencias

Tratado filosófico de cocina

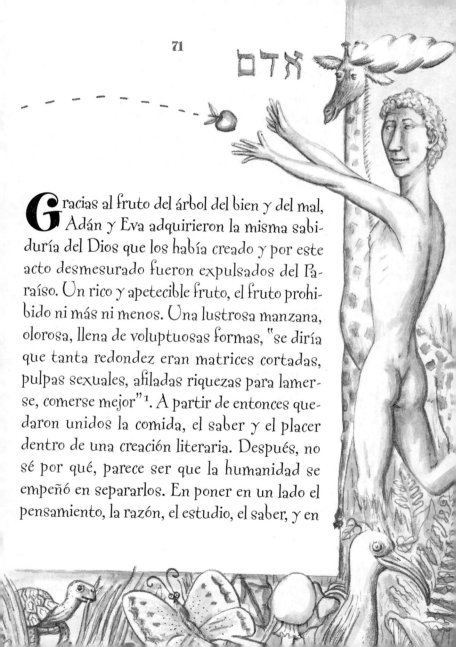

אדם

Gracias al fruto del árbol del bien y del mal, Adán y Eva adquirieron la misma sabiduría del Dios que los había creado y por este acto desmesurado fueron expulsados del Paraíso. Un rico y apetecible fruto, el fruto prohibido ni más ni menos. Una lustrosa manzana, olorosa, llena de voluptuosas formas, "se diría que tanta redondez eran matrices cortadas, pulpas sexuales, afiladas riquezas para lamerse, comerse mejor"[1]. A partir de entonces quedaron unidos la comida, el saber y el placer dentro de una creación literaria. Después, no sé por qué, parece ser que la humanidad se empeñó en separarlos. En poner en un lado el pensamiento, la razón, el estudio, el saber, y en

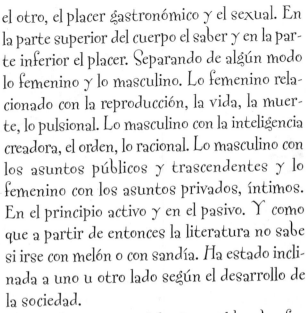

el otro, el placer gastronómico y el sexual. En la parte superior del cuerpo el saber y en la parte inferior el placer. Separando de algún modo lo femenino y lo masculino. Lo femenino relacionado con la reproducción, la vida, la muerte, lo pulsional. Lo masculino con la inteligencia creadora, el orden, lo racional. Lo masculino con los asuntos públicos y trascendentes y lo femenino con los asuntos privados, íntimos. En el principio activo y en el pasivo. Y como que a partir de entonces la literatura no sabe si irse con melón o con sandía. Ha estado inclinada a uno u otro lado según el desarrollo de la sociedad.

En el transcurso del mismo, el hombre fue conociendo a la naturaleza y a sus leyes en la medida en que fue capaz de transformarlas. Se dice que las grandes civilizaciones nacieron en el momento en que la mujer descubrió la siembra. Entonces la tribu se hizo sedentaria y empezó a modificar su medio ambiente. En torno al fuego y alimentándose por primera vez de una manera planeada, organizada y no casual, fue como el hombre se hizo hombre. Fue ahí donde aprendió los principios de la ciencia que más tarde trasladaría a los libros, a las universidades. Cuando intentaron castrar intelectualmente a Sor Juana, le prohibieron tener contacto con los libros como si sólo en ellos estuviera contenido el saber. Tal vez olvidaron cuál había sido la primera fuente de conocimiento. Ella se refugió en la cocina y por supuesto, siguió aprendiendo. "...Veo que un huevo se une y fríe en manteca o aceite y, por el contrario, se despedaza en el almíbar; veo que para que el azúcar se conserve fluido basta echarle una mínima parte de agua en que haya estado membrillo u otra fruta agria [...] Y suelo decir viendo estas cosillas: Si Aristóteles hubiera guisado, mucho más hubiera escrito"[2]. Sin embargo, el progreso obligó a las mujeres a abandonar ese recinto de creación y conocimiento.

ΑΡΙΣΤΟΤΕΛΗΣ

Uno de los cambios importantes ocurridos en este siglo ha sido la incorporación de la mujer a la producción. La mujer ha abandonado el trabajo dentro del hogar, lugar del que Lenin se expresa así: "En la mayoría de los casos, la labor doméstica es el trabajo más improductivo, el más bárbaro y el más arduo desempeñado por la mujer. Es excepcionalmente mezquino y está despojado de cualquier cosa que de alguna manera pudiera promover el desarrollo de la mujer"[3]. Se pensaba que el verdadero cambio y desarrollo, no sólo de la mujer, sino de la sociedad, se generaría fuera de la casa. Parecía ser que la reproducción (lo femenino) no era tan importante como la producción (lo masculino). El progreso arrebató a las mujeres el fuego creativo y generador de vida para sacarlo de la casa y utilizarlo en las fábricas. La mujer, efectivamente, abandonó su casa y tuvo oportunidad de desarrollarse y de participar entusiastamente en los movimientos revolucionarios de este siglo que culminarían con la llegada del Nuevo Hombre. En esta etapa toda la sociedad estaba inclinada hacia lo público, la producción, lo masculino. Dentro de esa sociedad ¿cuáles eran las opciones de integración que tenían las mujeres? Muy pocas. ¿Qué era la vida para una mujer pensante? Parece que un interminable sufrimiento, según lo expresado en la literatura de sus escritoras. "Yo rumiaré, en silencio, mi rencor. Se me atribuyen responsabilidades y las tareas de una criada para todo. He de mantener la casa impecable, la ropa lista, el ritmo de la alimentación infalible"[4]. El hecho de que las actividades dentro de la casa no fueran productivas, hizo que fueran devaluadas por las mismas mujeres. "Tuve a Kary en la maternidad Carit un dos de noviembre, día de muertos y de malos presagios. Nació rubia y ojiazul, como su abuela. Aparte de la infección pélvica posterior al parto, todo fue normal. Las

mañanas de mantillas, los moscos en la pila, el arroz quemado, mis pezones rotos, la espalda inaguantable, la cerveza de José a las seis, junto con las noticias y ese olor a gomina que no soporté nunca. Se acabaron las salidas al parque, los cines, las novelas de Pierre Loti. Allí estaba Kary, desvelada hasta las tres de la madrugada, mientras José roncaba echándose unos pedos mortales"[5].

Parecía que la vida que valía la pena vivir seguía estando fuera de la casa. La misma maternidad, el dar vida, no se veía como una actividad productiva en sí, sino más bien como una molesta actividad que alejaba a la mujer de la producción en serie, de la actuación pública. Dentro del hogar sólo existía la muerte, caracterizada estelarmente por la cotidianidad y la represión. ¿Y qué es lo que en realidad había afuera? Muerte y represión. El fuego exterior, convertido en armas para la guerra destruyendo la vida. La religión legislando sobre los placeres y controlando las relaciones sexuales de las parejas. La mujer se sentía un simple objeto para la reproducción y para sostener la producción del hombre. Ya no era el centro generador de la vida y la sociedad. Visto de esta manera, es lógico que la literatura escrita por mujeres describa las actividades placenteras, mencionando la culpa, mas no el gozo. "...Abrí el refrigerador y saqué tres mangos gordos, duros. Me senté a comerlos en las gradas que están al fondo de la casa, de cara a la huerta. Cogí uno y lo pelé con los dientes, luego lo mordí con toda la boca, hasta el hueso; arranqué un trozo grande, que apenas me cabía y sentí la pulpa aplastarse y al jugo correr por mi garganta, por las comisuras de la boca, por mi barbilla, después entre los dedos y a lo largo de los antebrazos. Con impaciencia pelé el segundo. Y más calmada, casi satisfecha ya, empecé a comer el tercero. Un chancleteo me hizo levantar la cabeza. Era la Toña que se acercaba. Me quedé con

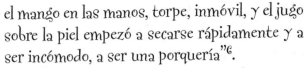

el mango en las manos, torpe, inmóvil, y el jugo sobre la piel empezó a secarse rápidamente y a ser incómodo, a ser una porquería"[6].

Afortunadamente parece que las cosas están cambiando. La contracepción ha liberado a las mujeres del peligro del embarazo y ha desasociado la experiencia sexual de la reproducción. Poco a poco han ido desapareciendo los preceptos morales y religiosos que contaminaban las relaciones de pareja. La mujer empieza a sentirse sujeto y no objeto. Todos estos cambios en la sociedad han traído enormes beneficios a las mujeres, pero a la vez, nos han llenado de contradicciones. Es cierto que ahora podemos estudiar y trabajar sin restricciones y participamos activamente en la sociedad, pero esta participación está determinada por nuestra estrecha relación con los hijos, la sexualidad, el fuego, la alquimia, el hogar, la vida. Como que esto de lo masculino y lo femenino, lo racional y lo pulsional no está claramente delimitado, como que esta partida de cuerpo a la mitad no es tan palpable en la realidad y así nos encontramos algunas mujeres que aunque utilicemos la inteligencia creadora al escribir —clasificada dentro de lo masculino—, tenemos hijos, sentimos esa vida dentro de nosotras, gozamos placenteramente del sexo —bueno, desearía que éste fuera el caso de la mayoría—, convivimos día a día con la vida y la muerte, tenemos contacto directo con los elementos que conforman el mundo, con sus leyes, sabemos transformar y purificar estos elementos a través del fuego —todo esto clasificado dentro de lo femenino.

"Tita, de rodillas, inclinada sobre el metate, se movía rítmica y cadenciosamente mientras molía las almendras y el ajonjolí. Bajo su blusa sus senos se meneaban libremente pues ella nunca usó sostén alguno... Pedro bajó la vista y la clavó en los senos de Tita. Ésta dejó de moler, se enderezó y, orgullosamente, irguió

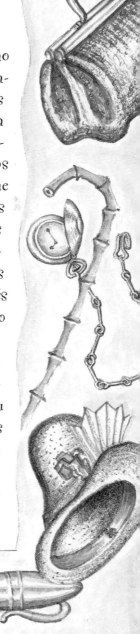

su pecho, para que Pedro lo observara plenamente. El examen de que fue objeto cambió para siempre la relación entre ellos. Después de esa escrutadora mirada que penetraba la ropa ya nada volvería a ser igual. Tita supo en carne propia por qué el contacto con el fuego altera los elementos, por qué un pedazo de masa se convierte en tortilla, por qué un pecho sin haber pasado por el fuego del amor es un pecho inerte, una bola de masa sin ninguna utilidad"[7].

Con enorme sorpresa, nos estamos acercando al fin de siglo y el nuevo hombre aún no ha llegado. Ninguna revolución lo ha creado. Porque a ningún Estado le interesa que surja. Porque tendría que ser un hombre con valores humanos y un hombre con estas características no se integraría al sistema, a ninguno de los que existen en la actualidad. Porque sería un hombre que defendería la vida antes que nada y de seguro desobedecería la orden de accionar la bomba que destruiría el planeta. ¿Y dónde está la escuela que se ocupe de formar un ser que cuestione, que sea contestatario, que sea desobediente? Cuando toda la educación está orientada a la obediencia y a la integración al sistema. El surgimiento de este hombre tendría que ser el resultado de la labor individual y consciente de una pareja y la pareja está ocupada en producir y consumir irracionalmente. Ese nuevo ser tendría que saber de dónde viene y a dónde va. Tendría que estar en comunión alimenticia con su pasado, conectarse con su origen y esto ya no es posible. Se ha perdido el rito. La ceremonia. La modernidad ha roto con ella. El hombre está perdido en un laberinto de productos idénticos. Las casas, la ropa, la comida en lata. Los seres humanos buscamos desesperadamente la salida. "Se busca la aldea y no la cosmópolis, el artesano y no el burócrata, la democracia directa y no la burocracia"[8].

Existe un hilo para conducirnos a ella y es, ni más ni menos, que la nostalgia por el pasado.

La nostalgia tiene que ver con todo lo que hemos perdido, con los ritos, con lo íntimo, con lo pulsional, con lo femenino. Nos urge recuperar una relación individual y más humana con la naturaleza. Necesitamos Prometeos contemporáneos que le roben el fuego a la industria que contamina y produce irracionalmente y a las fábricas de armamentos, para regresárselo al hombre y salvarlo. Rescatar el poder creativo del fuego y llevarlo al hogar. Recuperar la cocina como un espacio de conocimiento donde se hace arte y vida. En donde se unen los productos de la tierra con los del aire, el presente con el pasado. "En donde el principio activo y el pasivo mezclados, forman otra realidad artística y espiritual a través de un acto amoroso. Sólo el amor concilia opuestos y hace de dos seres uno. En la cocina se concilian los cuatro elementos de la naturaleza en un platillo, más un quinto que yo añadiría y que es la carga afectiva, sensual —tal vez lo que el oriente ha llamado "el vacío"–, que cada persona transmite a la comida en el momento de prepararla. Esta energía es la que convierte al acto de comer en un acto de amor. Donde se invierte, revierte y amalgama el rol sexual de la pareja. El hombre se convierte en el ser pasivo y la mujer en el activo. La energía de la mujer, mezclada en los olores, los sabores, las texturas, penetra en el cuerpo del hombre, calurosa, voluptuosa, haciendo uno el placer gastronómico y el sexual. Aquí no hay guerra de sexos. Están superadas. Sólo hay un gran gozo. Fomentémoslo y rescatemos el rito. Por medio de él recuperaremos el espíritu. Tenemos pues en nuestras manos, las mujeres y los hombres –para que vean que no somos sexistas– la oportunidad de regresar a la casa que abandonamos, pero ahora conscientemente, a otro nivel. Y juntos sacralizar nuestro hogar, hacerlo nuevamente un lugar de comunión con el cosmos. Recuperar el fuego y el alimento sagrado que nos remitirá al pasado, fuente del futuro. A ese pasado, familiar, nacional, a nuestra "patria íntima". Y habría que ir más lejos, mezclar el placer y el saber, buscar la fórmula secreta del fruto prohibido, el que al comerlo nos hará retornar al Edén.

Convertirnos nuevamente en dioses. Desnudarnos como Adán y Eva. Tal vez unidos de nuevo el principio activo y el pasivo, lo racional y lo pulsional, lo masculino y lo femenino en forma gozosa, lujuriosa, orgiástica, surja la nueva civilización, el nuevo hombre, la nueva literatura que hable, sin resentimiento ni vergüenza, del hogar, del amor, de la cocina, de la vida.

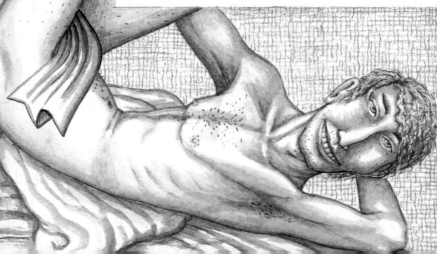

Notas

1. "Fruta madura de ida", en *Ojos de Papel Volando*. María Luisa Mendoza, México, Joaquín Mortiz, 1985.

2. *Respuesta a Sor Filotea de la Cruz*. Sor Juana Inés de la Cruz, Barcelona, Editorial Laertes, 1979.

3. *Obras completas,* volumen XXX. V.I. Lenin, Moscú. Ediciones en lenguas extranjeras.

4. "Lección de cocina", en *Álbum de Familia*. Rosario Castellanos, México, Joaquín Mortiz, 1990.

5. *De qué manera te olvido*. Dorelia Barahona, México, Editorial Era, 1990.

6. *La Señal*, Obras Completas de Inés Arredondo. México, Siglo XXI Editores, 1988.

7. *Como agua para chocolate*. Laura Esquivel, México, Editorial Planeta, 1989.

8. "La Mesa y el Lecho", en *El Ogro Filantrópico*. Octavio Paz, México, Joaquín Mortiz, 1981.

Manchamanteles

Ingredientes

¾ de kilo de lomo de cerdo en rebanadas
2 plátanos machos
3 rebanadas de piña
½ cebolla
½ cabeza de ajo
¼ de raja de canela
6 pimientas negras
4 clavos de especias
¼ de taza de azúcar
Jitomates
Comino
Orégano molido
Chile ancho al gusto
Manteca
Sal

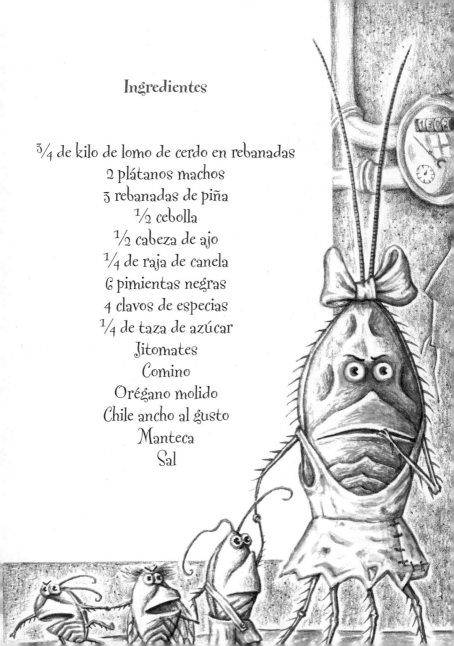

¡Ay mísera de mí! ¡Ay infelice…! ¡Si ustedes supieran lo que he penado en este infame mundo! Tal parece que mi mayor pecado es haber nacido. A todos les molesta mi presencia y en cuanto me establezco en algún sitio soy de inmediato desalojada por la fuerza… Más me hubiera valido nacer lagartija, hormiga o rata, de perdida, ¡pero nunca cucaracha! Y ya que me convirtieron en insecto ¿por qué no me dieron alas con colorcitos como a las libélulas o luz interior como a las luciérnagas? Digo, algo que hubiera vuelto menos repulsivo mi aspecto, pues debido a él, he tenido que pasar la vida como la muñeca fea, escondida por los rincones oscuros y alimentándome únicamente de los desperdicios. Sí, no se asusten, yo como basura. Dizque porque esa es la misión que tienen las cucarachas en esta vida. ¡Patrañas! No nos ha quedado otra, ya que apenas salimos a la luz y ¡zas! recibimos un escobazo o zapatazo, o tortazo, o golpazo mortal, pues. ¿Quién les ha dicho que no nos gusta la alta cocina? ¿Los buenos vinos? ¿La buena mesa? Si nos dieran una oportunidad de actuar en sociedad, se los demostraríamos. Como aquella vez que me atreví a salir de mi escondrijo y visitar a Doña Asunción de la Riva. Esa experiencia fue como un sueño. Había pasado una noche terrible en casa de Doña Paquita, muerta de frío y con reumas en las piernas. Mi estado de ánimo era fatal. ¡Una cucaracha aplastada por un camión de la ruta 100, no se sentiría peor que yo! Y me dije ¿por qué las cucarachas tenemos que sufrir? ¿Por qué tengo que vivir en esta casa pobre que ni a desperdicios llega? ¿Sólo porque aquí no tienen dinero para insecticidas? ¡No! ¡Ya basta!

Tengo derecho como todos los demás habitantes de este planeta a mejores condiciones de vida. Y dicho lo cual, tomé mis chivas y abandoné para siempre la pocilga de Doña Paquita. Me fui directamente a una elegante casa en las Lomas de Chapultepec y me instalé de inmediato en un rincón de la moderna cocina. ¡Qué confort! ¡Qué agradable calor! ¡Qué aromas! Alguien estaba friendo plátanos machos. No me tomó mucho tiempo descubrir, por los olores, que en esta casa se iba a preparar un delicioso *Manchamanteles*. ¡Ummm! ¡Qué buen comienzo para la nueva etapa de mi vida! Tímidamente me animé a sacar un poco la cabeza para gozar del espectáculo y así pude admirar cómo Juanita, la cocinera, freía la carne en aceite dentro de una cazuela y luego la ponía a cocer con la suficiente agua y sal. Por separado, se puso a desvenar los chiles anchos, los medio tostó en la lumbre para no quemarlos (porque amargan) y los puso a remojar.

Después los molió con los jitomates cocidos y los puso a freír en manteca. Ya frito esto, le agregó el caldo en el que se coció la carne de puerco. Para sazonar este caldillo molió en el molcajete la sal, el clavo, la canela, los cominos, la pimienta y la cebolla. Mezcló estos ingredientes junto con el azúcar y el orégano y los añadió al cocido. Lo dejó hervir un poco y después incorporó la piña, los plátanos (fritos anteriormente) y la carne, esperando hasta que el caldo tomara consistencia para retirar la cazuela de la lumbre. Me extrañó que no le pusiera camote y chícharos, como otras personas acostumbran, pero eso ya es cuestión de gustos, al igual que preparar este platillo utilizando carne de pollo en lugar de la de puerco. ¿Díganme ustedes si ante tal muestra del arte culinario de este país, no se me iba a antojar darle una probadita antes que nadie? Armándome de valor me acicalé un poco y en rápida carrera crucé toda la cocina hasta llegar

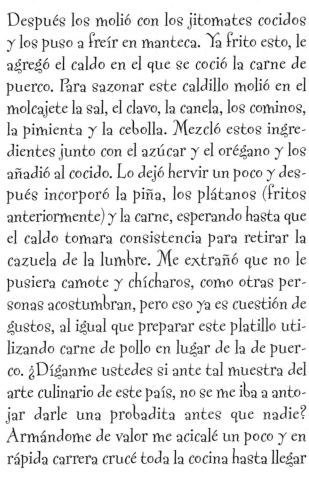

a la mesa sobre la cual Juanita había deposi-
tado el delicioso guiso. Trepé por una de las
patas y ya entrada en confianza, de plano me
eché un clavado dentro del *Manchamanteles.*
¡Mmm! Me supo a gloria el primer bocado. De
inmediato recuperé el ánimo y por un instante me sentí flotando entre las nubes. Bueno,
literalmente viajaba en el espacio, pues con
gran asombro descubrí que me llevaban a la
mesa del comedor. Acostada de panza pude
gozar durante el trayecto del maravilloso
espectáculo de la luz reflejada en los cristales
de los candiles. Y ya sobre la mesa mi alma
entró en éxtasis. Nunca había visto una mesa
tan bien puesta y tan bellamente decorada. El
brillo de los cubiertos de plata me deslumbró
de tal manera que a mi mente encandilada acu-
dieron presurosas imágenes de cucarachas
transparentes de luminosa presencia, acompa-
ñadas de cristalinos sonidos del más allá. Un
centelleo constante me invitaba a incursionar

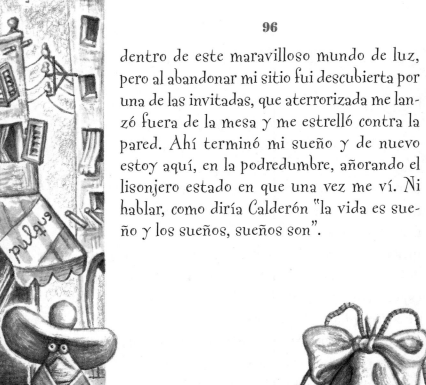

dentro de este maravilloso mundo de luz, pero al abandonar mi sitio fui descubierta por una de las invitadas, que aterrorizada me lanzó fuera de la mesa y me estrelló contra la pared. Ahí terminó mi sueño y de nuevo estoy aquí, en la podredumbre, añorando el lisonjero estado en que una vez me ví. Ni hablar, como diría Calderón "la vida es sueño y los sueños, sueños son".

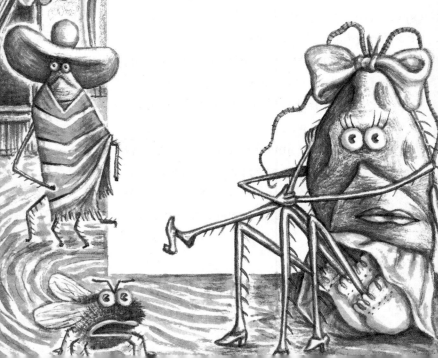

El maná sagrado

Tal vez no exista demasiada diferencia entre hablar de comida y hablar de religiones. Casi en todas ellas, unas y otras, se hace presente la divinidad a través de los alimentos. De hecho, no podemos negar que un rito obligado de casi toda religión es el momento de comer o de beber a la deidad o para la deidad. El sentido profundo de la alimentación en alguna medida tiene que ver con nuestra sed de eternidad cifrada en el mantenimiento cotidiano de la vida. Tal vez por eso casi todos los dioses han dejado su presencia contenida en los alimentos. En este sentido, nos alimentamos para vivir y por vivir. El disfrute de la comida tiene destellos de vida eterna. Pero no sólo es fundamental el acto en sí de comer, también lo es la ceremonia que implica preparar y compartir los alimentos. La ceremonia ritual que se realiza en torno a la mesa es un acto de profunda y antigua significación religiosa. No es gratuito, pues, que algunas religiones recurran a la evocación de la Cena o a la reunión fraterna en torno a la Mesa para cifrar sus más importantes Misterios. Cómo no tendría especial significación referirnos a la preparación del pan. En las culturas cristianas la presencia del pan implica siempre el recuerdo de la pasión, muerte y resurrección del Hijo de Dios, cuyo cuerpo "en cándidos accidentes, se vale de la semilla del trigo, el cual se convierte en su carne", como lo dijo la célebre poetisa barroca mexicana Sor Juana Inés de la Cruz. La fracción del pan fue por excelencia el signo de la resurrección del Mesías. A través del ritual de la comunidad, el Maestro ausente regresaba a alimentar espiritual y materialmente a sus discípulos en forma de pan y vino. Es por ello que las comunidades religiosas han valorado siempre la importancia de la alimentación y la han considerado un Sacramento, presencia efectiva de Dios entre los hombres, y han desarrollado maneras sutiles y maravillosas para cifrar las distintas formas de realizar el acto amoroso de elaborar alimentos para el gozo de sus hermanos. En el libro de mi muy querido amigo Rick Curry encontrarán recetas para la elaboración del pan en distintas comunidades jesuitas. Y aunque no seamos religiosos, creo que para ninguno de nosotros será extraño pensar que a través de los olores que compartimos con nuestros semejantes, de los sabores de los alimentos y de la sustancial presencia de la divinidad en ellos, los seres humanos podemos tener día tras día un pequeño anticipo del paraíso.

1034075810

Soufflé de castañas

Ingredientes

25 castañas
50 gramos de mantequilla
¼ de litro de leche
2 cucharadas de harina
7 huevos
115 gramos de azúcar en polvo

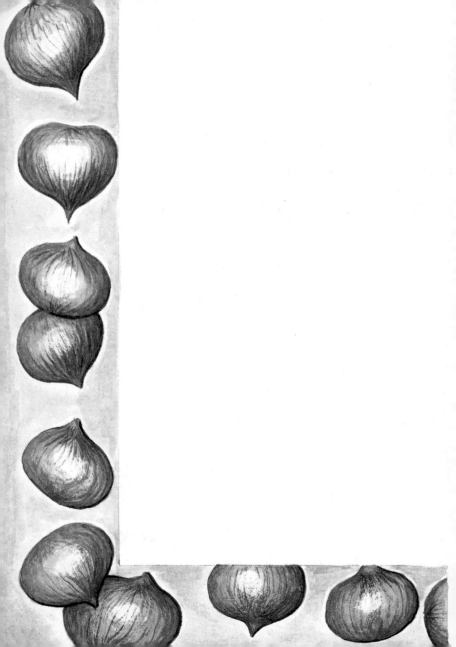

Se escogen 25 castañas grandes y bien maduras, se dejan remojar, después se mondan y se ponen a cocer en leche, cuidando de remover constantemente mientras se desbaratan. Enseguida se apartan del fuego, se acaban de deshacer con la cuchara y se pasan por un tamiz.

Si mi mamá me viera colando las castañas con tanto placer, no lo creería. Se pasó toda la vida reclamándome mi falta de interés en la cocina. Y no estaba muy errada en su apreciación, pero díganme ustedes, ¿a quién le iban a quedar ganas de cocinar después de haber deshebrado pollo durante dos horas su primer día de cocinera? Fue un día en que mi madre estaba muy enferma. Yo, como toda adolescente de doce años de edad, creía que podía lidiar con facilidad

con todos los problemas del mundo entero, cuanto y más de la cocina. Pero para no apantallar mucho a mi familia, elegí un menú de lo más sencillo: sopa de fideos y unos simples tacos de pollo. Claro que si hubiera sabido que los fideos no se tenían que desdoblar en crudo y que el pollo se deshebraba después de cocido y no antes, me hubiera ahorrado mucho tiempo y esfuerzo, pero, ¿cómo lo iba a saber? Había pasado mi niñez de lo más feliz, jugando entre mis cinco hermanos varones, muy lejos de la cocina. En esa época dichosa lo único que alteraba mi tranquilidad eran mis obsesiones. Cuando me daba por algún juego, ¡me daba en serio! No paraba hasta dominar la técnica y ser la mejor de toda la colonia. Me dio por el trompo, me dio por el balero, me dio por el yo-yo, me dio por las canicas, me dio por los patines, me dio por el tochito... El problema fue cuando me dio por el amor. ¡Uy!, para qué les cuento. Practicaba día y noche. En poco tiempo y muchos novios se

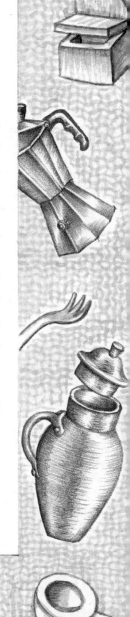

puede decir que no había otra que supiera besar, abrazar y acariciar como yo. Pero curiosamente, toda la aprobación que obtuve como campeona de juegos, se esfumó al convertirme en campeona de amores. Mis amigas me dejaron de hablar, mis hermanos no se diga y mi mamá murió de la pena. ¡Bendito sea Dios!, digo yo, porque así la pobrecita no tuvo que ser testigo del mal trato que la sociedad me daba. No podía salir ni a la esquina sin exponerme a todo tipo de agresiones y ofensas. Fue entonces cuando me dio por encerrarme donde no entraran mis hermanos, o sea, en la cocina. Y como no tenía otra cosa que hacer, me dio por la cocinada. La verdad no me llevó tiempo el adquirir gran maestría en la técnica para freír, batir, pelar, cortar, cocer y adornar todo tipo de alimentos, pues me servían para esto todos los reflejos anteriormente aprendidos. Imaginaba que jugaba al yo-yo mientras batía claras, o que jugaba a las canicas con los frijoles cuando les quitaba las piedras.

Ahí metida días y noches inventando platillos, obviamente me dio por comer. No se crean, no es nada fácil comer con propiedad y buena técnica, pero yo lo logré. Parece mentira, pero mientras más comía y más gorda me ponía, más afecto de la gente recibía. Bueno, el caso es que sin querer di con la actividad de más éxito y reconocimiento dentro de la sociedad. Tengo un restaurante que siempre está lleno. Todos mis ex-novios concurren a él con todo y sus familias, pues tengo la ventaja de que gracias a mi descomunal gordura, nadie siente celos de mí, "la gorda Pérez". Soy la tía preferida y toda mi familia viene a gorronear cada que puede. Soy en conclusión, la millonaria más gorda del país. Así, ¿quién no va a cocinar con gusto? Y como no soy nada egoísta les voy a terminar de pasar los secretos del postre que más fama me ha dado, el soufflé de castañas:

En una cazuela honda se mezclan 50 gramos de mantequilla fresca, un cuarto de leche

hervida y dos cucharadas de harina, hasta que se disuelven perfectamente bien. Aparte, se baten un huevo entero y 115 gramos de azúcar en polvo. Cuando el azúcar está disuelta se añaden seis yemas, el puré de castañas y la mezcla de harina y leche. Después de bien incorporados estos ingredientes, se les añaden seis claras batidas a la nieve. Por último se unta una budinera con mantequilla, se vacía en ella la mezcla y se le hace cuajar en baño María. Eso es todo, disfrútenlo sin congoja alguna, pues ya vieron que engordar terriblemente no es el fin del mundo y tal vez sea, por el contrario, el comienzo de otro.

El chile

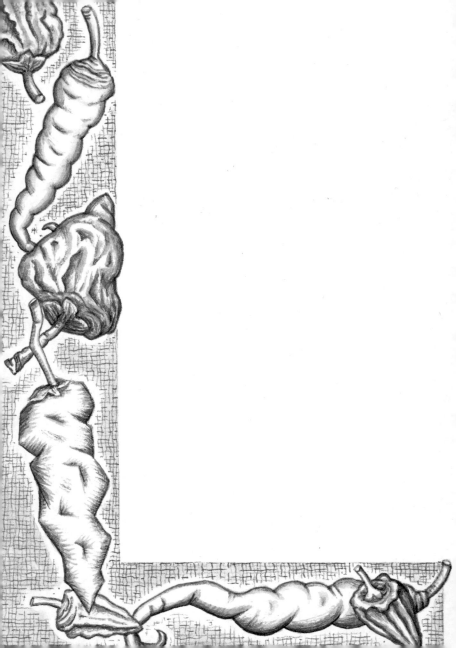

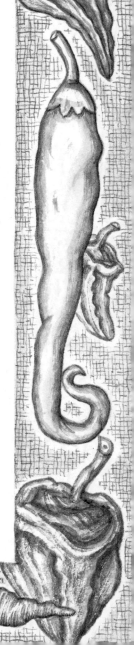

¿Qué mexicano no ha comido chile? ¿Quién no se ha enchilado alguna vez? ¿Quién no se ha corrido el riesgo de llevar de contrabando al extranjero un frasco de mole o una lata de chiles en escabeche en la maleta con tal de seguir gozando el placer que el chile proporciona a sus adictos? ¿Quién puede recordar cuándo fue la primera vez que sintió ardor en la lengua, sudor en el cuero cabelludo, lágrimas en los ojos y secreción nasal a causa del chile? Sin duda es dificilísimo precisarlo porque el chile está en la memoria ancestral de los mexicanos y los ha acompañado desde tiempos inmemoriales.

Sabemos por el testimonio de los cronistas, que nuestros antepasados indígenas comían tortillas y tamales, gallinas y codornices asadas con

tomate, pepita de calabaza molida y chile, o "comían también muchos potajes de chile: una manera de chilmolli, preparado con chiltecpitl y tomates; o con chile amarillo y tomates", según palabras de Fray Bernardino de Sahagún en su *Historia General*. Sin embargo, aunque comieran peces blancos o colorados, aves pequeñas o grandes, ranas o ajolotes, hormigas, tomates, maíces en sus formas distintas o semillas de calabaza, la preparación de los platillos siempre era acompañada por el sabor del chile. Fuera rojo, amarillo, verde, de forma redonda o alargada, junto con la tortilla y el frijol, el chile formó parte fundamental de la lengua, del sabor y del comer de los antiguos mexicanos. Independientemente de rangos y clases sociales, las verduras, pescados, carnes, renacuajos e insectos debían paladearse muy bien sazonados y picantes. De hecho, se dice que aun en las mesas de las familias más pobres el cajete mezclaba hierbas varias, nopales, frijoles, tomates e inevitablemente una porción de chile.

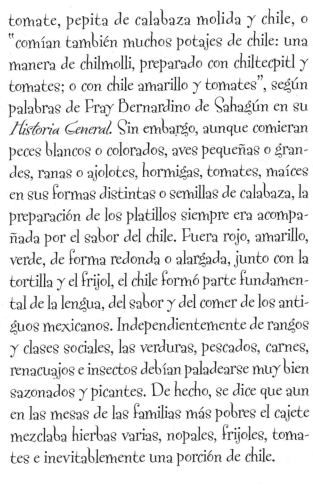

Por otro lado, el acto de comer trascendía los límites de los hogares y se desbordaba hasta las avenidas y los mercados. Se sabe que en las plazas, por ejemplo, se vendían tortillas, tamales, atole, platillos de carne con chile y tomate, mole, chilaquiles, chilmoles, pozole y guisados de nenepile o de mesclapiques. No era extraño que los transeúntes caminaran llevando entre las manos, además del pinole o de los dulces de camote, un elote, una jícama o alguna otra fruta de la estación cubierta generosamente con chile. Asimismo, desde aquellos tiempos, el hombre rural guardaba en su itacate alimentos para las arduas labores bajo el sol y entre ellos nunca podía faltar el chile.

El chile también se usaba en prácticas de magia y encantamiento. Los de forma alargada se relacionaban con la figura masculina mientras que los anchos y redondos con la femenina. Se utilizaban para hacer limpias o como ofrendas para que los buenos espíritus pudieran brindar

sus beneficios. Se quemaban para ahuyentar a los espíritus malos. Se usaban en rituales propiciatorios, en ceremonias a deidades de distintos órdenes y como plantas medicinales. Debido a sus propiedades depurativas, desinfectantes y purificadoras eran utilizados como cataplasmas para aliviar hinchazones, como cauterizadores, como pomada para curar manchas en la piel, o bien para facilitar las labores de parto y las del destete.

Desde tiempos remotos no ha habido, pues, una actividad ya sea íntima o pública, profana o sagrada, en donde la presencia del chile no se haya hecho notar. Como buen ángel de la guarda, nos acompaña siempre y no nos desampara ni de noche ni de día ni en la salud ni en la enfermedad ni en la riqueza ni en la pobreza. Su influencia en todas las áreas de nuestro diario vivir es tan poderosa que ha sobrevivido al paso de los años y a todo tipo de mestizajes culinarios. Y así nos encontramos los modernos

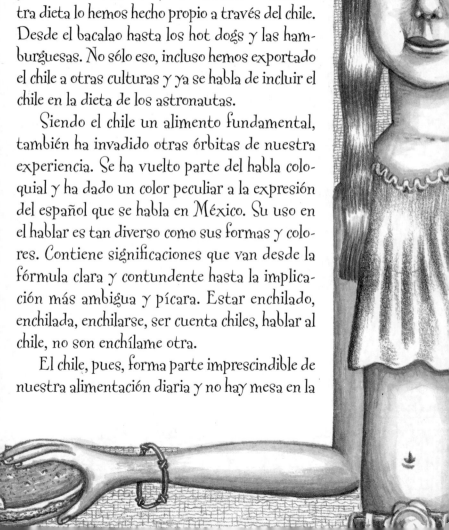

mexicanos, que seguimos comiendo exactamente lo mismo que comían nuestros antepasados y cada nuevo alimento que se ha incluido en nuestra dieta lo hemos hecho propio a través del chile. Desde el bacalao hasta los hot dogs y las hamburguesas. No sólo eso, incluso hemos exportado el chile a otras culturas y ya se habla de incluir el chile en la dieta de los astronautas.

Siendo el chile un alimento fundamental, también ha invadido otras órbitas de nuestra experiencia. Se ha vuelto parte del habla coloquial y ha dado un color peculiar a la expresión del español que se habla en México. Su uso en el hablar es tan diverso como sus formas y colores. Contiene significaciones que van desde la fórmula clara y contundente hasta la implicación más ambigua y pícara. Estar enchilado, enchilada, enchilarse, ser cuenta chiles, hablar al chile, no son enchílame otra.

El chile, pues, forma parte imprescindible de nuestra alimentación diaria y no hay mesa en la que no juegue un papel importantísimo porque su sabor lo llevamos en la memoria, en la sangre y su picor fluye por nuestras venas.

Si uno es lo que come, con quien lo come, cómo lo come y el sentido que da a lo que come, se puede concluir que los mexicanos somos hijos del maíz pero fuimos amasados con chile. Me pregunto si los dioses nos crearon juntos o por separado y en dado caso qué fue primero el hombre o el chile.

Mayonesa adelgazante

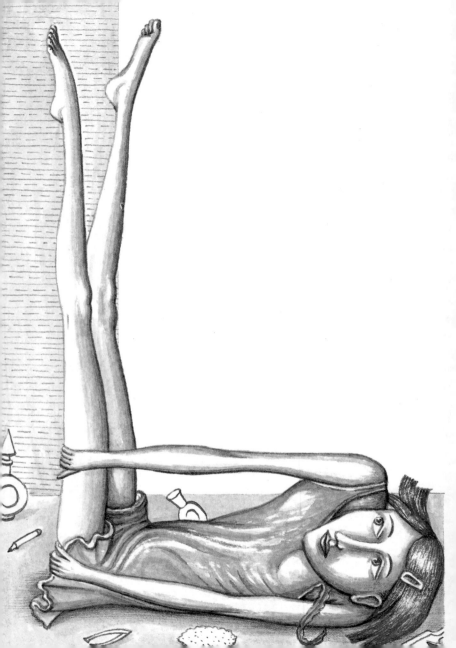

Ingredientes

1 cucharada de fécula de maíz
1 cucharadita de semillas de apio
1 cucharadita de mostaza en polvo
1 cucharadita de sal
1 taza de leche descremada
2 yemas de huevo, batidas
$1/4$ de taza de vinagre
2 gotas de líquido endulzante

Qué lejos estoy del suelo donde he nacido,
inmensa nostalgia invade mi pensamiento,
y al verme tan sola y triste cual hoja al viento,
quisiera llorar, quisiera morir de sentimiento.

¡**O**h Tierra del sol! suspiro por verte…
ahora que lejos me encuentro comprando en un supermercado del extranjero. Todo está
tan fríamente ordenadito, limpiecito, funciona-
lito, que me horroriza. Siempre me pregunto cuál
es la razón oculta detrás de todo este sistema
de compras. Tal parece que el presentar los productos alimenticios de esta manera, tiene como
objetivo entumirnos la voluntad y la alegría. Al
ver las zanahorias, los elotes, las lechugas y hasta el cilantro maquillados para parecer reales
aunque tengan meses congelados, siente uno que
todo esto es sólo parte de una gran esceno-
grafía de una película gringa. Que estamos
actuando dentro de una gran superproducción,
dentro de la cual hacemos como que escogemos,

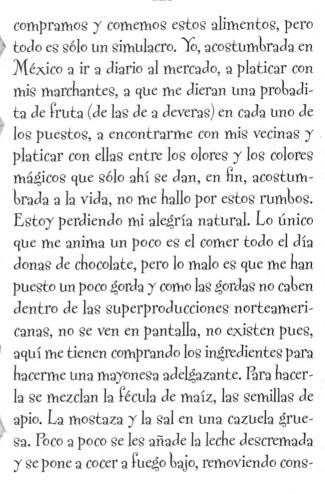

compramos y comemos estos alimentos, pero todo es sólo un simulacro. Yo, acostumbrada en México a ir a diario al mercado, a platicar con mis marchantes, a que me dieran una probadita de fruta (de las de a deveras) en cada uno de los puestos, a encontrarme con mis vecinas y platicar con ellas entre los olores y los colores mágicos que sólo ahí se dan, en fin, acostumbrada a la vida, no me hallo por estos rumbos. Estoy perdiendo mi alegría natural. Lo único que me anima un poco es el comer todo el día donas de chocolate, pero lo malo es que me han puesto un poco gorda y como las gordas no caben dentro de las superproducciones norteamericanas, no se ven en pantalla, no existen pues, aquí me tienen comprando los ingredientes para hacerme una mayonesa adelgazante. Para hacerla se mezclan la fécula de maíz, las semillas de apio. La mostaza y la sal en una cazuela gruesa. Poco a poco se les añade la leche descremada y se pone a cocer a fuego bajo, removiendo cons-

tantemente hasta que la mezcla espese. Se deja por dos minutos más y después se retira del fuego. Ya que enfrió ligeramente, se le añaden las yemas del huevo y se pone nuevamente a cocinar durante otros tres minutos. Se aparta del fuego y, removiendo, se le añade el vinagre y el endulzante. Se refrigera antes de servir. Se obtienen 300 ml. en total y 15 calorías por cucharada. ¿Se imaginan? ¡Ni más ni menos que 15 calorías por cucharada! Cuando terminé mi mayonesa y estaba lista para comérmela junto con una rica ensalada y tuve que sacar mi calculadora para sumar cuántas calorías iba a comerme ese día, se me salieron las lágrimas, retiré mi plato de la mesa y me fuí a la cama con una caja de donas de chocolate bajo el brazo.

¡Sea por Dios y venga más!

Toda la culpa de mis desgracias la tiene la Chole. Apolonio es inocente, digan lo que digan. Lo que pasa es que nadie lo comprende. Si de vez en cuando me pegaba era porque yo lo hacía desesperar y no porque fuera mala persona. Él siempre me quiso. A su manera, pero me quiso. Nadie me va a convencer de que no. Si tanto hizo para que aceptara a su amante, era porque me quería. Él no tenía ninguna necesidad de habérmelo dicho. Bien la podía haber tenido a escondidas, pero dice que le dio miedo que yo me enterara por ahí de sus andanzas y que lo fuera a dejar. Él no soportaba la idea de perderme porque yo era la única que lo comprendía. Mis vecinas pueden decir misa, pero a ver, ¿quiénes de sus maridos les

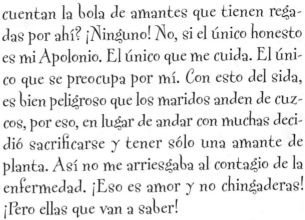

cuentan la bola de amantes que tienen rega-
das por ahí? ¡Ninguno! No, si el único honesto
es mi Apolonio. El único que me cuida. El único que se preocupa por mí. Con esto del sida,
es bien peligroso que los maridos anden de cuz-
cos, por eso, en lugar de andar con muchas deci-
dió sacrificarse y tener sólo una amante de
planta. Así no me arriesgaba al contagio de la
enfermedad. ¡Eso es amor y no chingaderas!
¡Pero ellas que van a saber!

Bueno, tengo que reconocer que al principio a mí también me costó trabajo entenderlo.
Es más, por primera vez le dije que no. Adela,
la hija de mi comadre era mucho más joven que
yo y me daba mucho miedo que Apolonio la
fuera a preferir a ella. Pero mi Apo me conven-
ció de que eso nunca pasaría, que Adela realmente no le importaba. Lo que pasaba, era que
necesitaba aprovechar sus últimos años de
macho activo porque luego ya no iba a tener
chance. Yo le pregunté que por qué no los apro-

vechaba conmigo, y él me explicó hasta que lo entendí que no podía, que ese era uno de los problemas de los hombres que las mujeres no alcanzamos a entender. Acostarse conmigo no tenía ningún chiste, yo era su esposa y me tenía a la hora que quisiera. Lo que le hacía falta era confirmar que podía conquistar a muchachitas. Si no lo hacía, se iba a traumar, se iba a acomplejar y entonces sí, ya ni a mí me iba a poder cumplir. Eso sí que me asustó.

Le dije que estaba bien, que aceptaba que tuviera su amante. Entonces me llevó a Adela para que hablara con ella, porque Adelita que me conocía desde niña, se sentía muy apenada y quería oír de mi propia boca que yo le daba permiso de ser la amante de Apolonio. Me explicó que ella no iba a quedarse con él. Lo único que quería era ayudar en nuestro matrimonio y que era preferible que Apolonio anduviera con ella y no con otra cualquiera que sí tuviera interés en quitármelo. Yo le

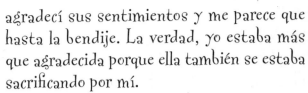

agradecí sus sentimientos y me parece que hasta la bendije. La verdad, yo estaba más que agradecida porque ella también se estaba sacrificando por mí.

Adela, con su juventud, bien podría casarse y tener hijos y en lugar de eso estaba dispuesta a ser la amante de planta de Apolonio, nomás por buena gente.

Bueno, el caso es que el día que vino, hablamos un buen rato y dejamos todo aclarado. Los horarios, los días de visita, etc. Se supone que con esto yo debería de estar muy tranquila. Todo había quedado bajo control. Apolonio se iba a apaciguar y todos contentos y felices. Pero no sé por qué yo andaba triste.

Cuando sabía que Apolonio estaba con Adela no podía dormir. Toda la noche me la pasaba imaginando lo que estarían haciendo. Bueno, no necesitaba tener mucha imaginación para saberlo. Lo sabía y punto. Y no podía dejar de sentirme atormentada. Lo peor

era que tenía que hacerme la dormida pues no
quería mortificar a mi Apo.

Él no se merecía eso. Así me lo hizo ver un
día en que llegó y me encontró despierta. Se
puso furioso. Me dijo que era una chantajista,
que no lo dejaba gozar en paz, que él no podía
darme más pruebas de su amor y yo en pago
me dedicaba a espiarlo, a atormentarlo con mis
ojos llorosos, y mis miedos de que nunca fuera a regresar. ¿Que acaso alguna vez me había
faltado? Y era cierto, llegaba a las cinco o las
seis de la mañana pero siempre regresaba.

Yo no tenía por qué preocuparme. Debería estar más feliz que nunca y ¡sabe Dios
por qué no lo estaba! Es más, me empecé a
enfermar de los colerones que me encajaba
el canijo Apolonio. Daba mucho coraje ver
que le compraba a Adela cosas que a mí nunca me compró. Que la llevaba a bailar, cuando
a mí nunca me llevó. Bueno, ¡ni siquiera el
día de mi cumpleaños cuando cantó Celia

Cruz y yo le supliqué que me llevara! De puritita rabia, los ojos se me empezaron a poner amarillos, el hígado se me hinchó, el aliento se me envenenó, los ojos se me disgustaron, la piel se me manchó y ahí fue cuando la Chole me dijo que el mejor remedio en esos casos era poner en un litro de tequila un puño de té de boldo compuesto y tomarse una copita en ayunas. El tequila con boldo recoge la bilis y saca los corajes del cuerpo. Ni tarda ni perezosa fui al estanquillo de la esquina, le compré a Don Pedro una botella de tequila y la preparé con su boldo. A la mañana siguiente me lo tomé y funcionó muy bien.

No sólo me sentí aliviada por dentro, sino bien alegre y feliz, como hacía muchos días no me sentía. Con el paso del tiempo, los efectos del remedio me fueron mejorando. Apolonio, al verme sonriente y tranquila empezó a salir cada vez más con Adela

y yo a tomarme una copita cada vez que esto pasaba, fuera en ayunas o no, para que no me hiciera daño la bilis. Mis visitas a la tienda de Don Pedro fueron cada vez más necesarias. Si al principio una botella de tequila me duraba un mes, llegó el momento en que me duraba un día. ¡Eso sí, estaba segura de que no tenía ni una gota de bilis en mi cuerpo! Me sentía tan bien que hasta llegué a pensar que el tequila con boldo era casi milagroso. Bajaba por mi garganta limpiando, animando, sanando, reconfortando y calentando todo mi cuerpo, haciéndolo sentir vivo, vivo, ¡vivo!

El día en que Don Pedro me dijo que ya no me podía fiar ni una botella más creí que me iba a morir. Yo ya no era capaz de vivir un solo día sin mi tequila. Le supliqué. Al verme tan desesperada se compadeció de mí y aceptó que le pagara de otra manera. Al fin que siempre me había traído ganas el condenado.

Yo, la mera verdad, con tanto calor en mi cuerpo también estaba de lo más ganosa y ahí sobre el mostrador fue que Apolonio nos encontró dando rienda suelta a las ganas.

Apolonio me dejó por borracha y puta. Ahora vive con Adela. Y yo estoy tirada a la perdición. ¡Y todo por culpa de la pinche Chole y sus remedios!

El Rosa Mexicano

Josefina Howard y yo, aparte de llevar una buena relación amistosa, compartimos la nacionalidad. Se preguntarán cómo le hacemos ya que ella no es mexicana, pero les diré que eso no tiene la menor importancia. Uno es lo que come, con quién lo come y cómo lo come. La nacionalidad no la determina el lugar donde uno fue dado a la luz, sino los sabores y los olores que nos acompañan desde niños. La nacionalidad tiene que ver con la tierra, pero no con esa pobre idea de una delimitación territorial, sino con algo más profundo. Tiene que ver con los productos que esa tierra prodiga, con su química y sus efectos en nuestro organismo. Los compuestos biológicos de lo que comemos penetran el ADN de nuestras células y lo impregnan de los sabores más íntimos. Se cuelan hasta el último rincón del inconsciente, allí donde se anidan los recuerdos y se acurrucan para siempre en la memoria.

¿Sólo quien ha nacido en México y se ha alimentado con tortillas es mexicano? No, por supuesto que no. Hay seres excepcionales que son capaces de llegar a una ciudad desconocida y, al igual que un niño, dejarse amamantar por culturas que no son suyas de nacimiento. Éste es el caso de Josefina. Su vocación de universalidad le permitió abrirse al mundo de los olores y sabores de un México que hizo suyo y el cual correspondió a su entrega adoptándola como hija legítima.

La fraternidad del fogón es una de las más fuertes. Cuando uno entra a un lugar y reconoce los olores que emanan de una olla de frijoles, de unas tortillas recién hechas o de un simple guacamole, uno sabe que está pisando un pedacito de suelo mexicano. Esa fue mi experiencia la primera vez que entré al restaurante de

Josefina el *Rosa Mexicano*. De inmediato me transporté a México, a la cocina mexicana. Cocina hecha con pasión. Cocina que Josefina se ha dedicado a pregonar y a oficiar. Díganme si no. Josefina, como cualquier mexicana que se precie de serlo, se fue al extranjero cargando su ración de chiles y sus tortillas caseras para alimentar su nostalgia. No sólo eso, sino que, impulsada por su deseo de compartir con los demás la riqueza de sabores de nuestra cocina, se aventuró a poner un restaurante en pleno Manhattan. En el *Rosa Mexicano*, uno puede deleitarse con platillos que van desde los más sofisticados hasta los más simples, de los más tradicionales a los más innovadores.

En su libro, Josefina no sólo nos comparte generosamente sus recetas y su pasado familiar de la manera más sabrosa, sino que nos lleva a viajar gozosamente por las infinitas posibilidades y combinaciones que ofrece nuestra cultura culinaria.

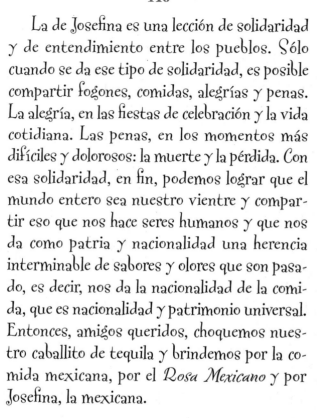

La de Josefina es una lección de solidaridad y de entendimiento entre los pueblos. Sólo cuando se da ese tipo de solidaridad, es posible compartir fogones, comidas, alegrías y penas. La alegría, en las fiestas de celebración y la vida cotidiana. Las penas, en los momentos más difíciles y dolorosos: la muerte y la pérdida. Con esa solidaridad, en fin, podemos lograr que el mundo entero sea nuestro vientre y compartir eso que nos hace seres humanos y que nos da como patria y nacionalidad una herencia interminable de sabores y olores que son pasado, es decir, nos da la nacionalidad de la comida, que es nacionalidad y patrimonio universal. Entonces, amigos queridos, choquemos nuestro caballito de tequila y brindemos por la comida mexicana, por el *Rosa Mexicano* y por Josefina, la mexicana.

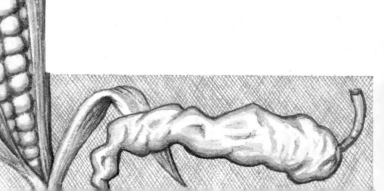

Madre bruja

Una de las historias que más me aterroriza-
ban en mi infancia era la de la bruja que
se chupaba a los niños. Me imaginaba todo el
numerito con lujo de detalles. La bruja rap-
tando al niño, la chupada de la sangre, los ojos
sin vida del niño chupado, los gritos de la
madre al descubrir el cadáver de su hijo, pero
sobre todo, el color apergaminado de la piel
muerta. Por las noches me costaba trabajo con-
ciliar el sueño y mi espalda tenía que estar
pegada a la pared para protegerme de un ata-
que sorpresivo por la retaguardia.

Me tardé algunos años en darme cuenta de
que el verdadero peligro no estaba afuera de la
casa sino dentro. Y que la chupada de sangre
no era metáfora, ya que en el mundo aparte de

las madres y de las brujas, existían las madres-brujas, especie humana altamente peligrosa que tiene el poder de succionar la vida a sus hijos. ¿Cómo son estos seres horripilantes? Tienen la apariencia de una madre común y corriente, inclusive muestran afecto, pero al mismo tiempo tienen una alta capacidad de manipulación, controlan la voluntad de sus hijos y les atan dos cosas: las manos y la boca. Los elementos que representan las herramientas de expresión del hacer y del pensar.

La atadura de manos ocurre en dos sentidos: por una parte, obligando al hijo a realizar acciones por medio de una ligera presión como pueden ser los golpes, las amenazas y los chantajes. Por otra, impidiendo que las manos sigan sus impulsos individuales. Así, a fuerza de obedecer, las manos pierden su capacidad de decisión y se vuelven simples objetos del deseo ajeno, instrumentos de la voluntad de poderío de la madre bruja.

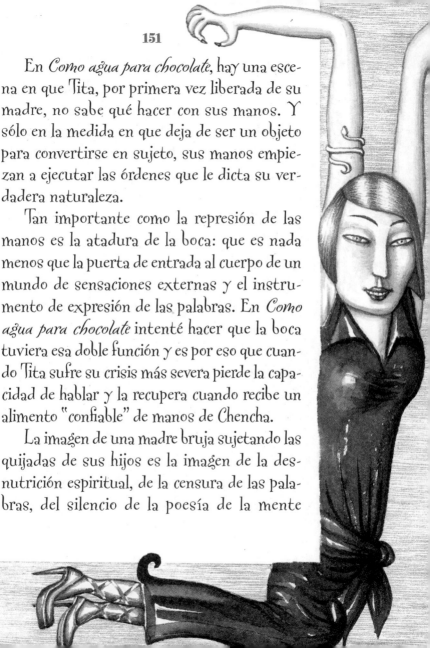

En *Como agua para chocolate*, hay una escena en que Tita, por primera vez liberada de su madre, no sabe qué hacer con sus manos. Y sólo en la medida en que deja de ser un objeto para convertirse en sujeto, sus manos empiezan a ejecutar las órdenes que le dicta su verdadera naturaleza.

Tan importante como la represión de las manos es la atadura de la boca: que es nada menos que la puerta de entrada al cuerpo de un mundo de sensaciones externas y el instrumento de expresión de las palabras. En *Como agua para chocolate* intenté hacer que la boca tuviera esa doble función y es por eso que cuando Tita sufre su crisis más severa pierde la capacidad de hablar y la recupera cuando recibe un alimento "confiable" de manos de Chencha.

La imagen de una madre bruja sujetando las quijadas de sus hijos es la imagen de la desnutrición espiritual, de la censura de las palabras, del silencio de la poesía de la mente encadenada. En pocas palabras, es la imagen de una verdadera hija de... Coatlicue, la devoradora.

Para ayudar a Tita a enfrentar a su madre bruja, le puse una hada madrina en su camino. Nacha es la imagen de Tonantzin-Guadalupe, la madre buena, la protectora, la que nutre, la que por medio de los alimentos libera el espíritu, la sensualidad y todos los deseos acumulados en silencio. La presencia de Nacha es constante y aparece en los momentos en que más se la necesita. Es una fuerza poderosa apegada a la tierra y a las tradiciones vitales, la única capaz de vencer a una madre bruja. A pesar de esto, la lucha entre ambas no es fácil, ya que la madre bruja sustenta la justificación de su dominio en la tradición. Claro que su concepto de tradición es el opuesto al del hada madrina, no es un bien que nos pertenece de manera comunitaria, no es un valor moral o un principio de memoria colectiva sino un capricho personal interpretado al antojo de la manipulación en cuestión que se ha

asumido como la defensora de una verdad que ella misma representa: "La hija menor debe cuidar a su madre hasta que muera y debe hacer esto o lo otro y debe comportarse de esta o de esa otra manera, etcétera, etcétera, etcétera".

Las características de la madre bruja son su vocación de control, su resentimiento acumulado y que cuenta con un poder verdadero, o sea, que tiene la capacidad de ejercer la autoridad sin presencia masculina, en otras palabras, es una mujer autosuficiente, sin límites que controlen su capacidad de devorar. Esta cruel y despiadada "chupadora" ha acumulado en sí las dos formas simbólicas de autoridad, la masculina y la femenina convirtiéndose de esta manera en un poder sin equilibrio, sin contraparte, en dictadura del capricho, en algo así como el PRI.

El *modus operandi* de la madre bruja tiene dos facetas más, para mayor descontrol de quien la enfrenta: es fantasmagórica y venenosa.

Es decir, por un lado, su presencia trasciende su vida personal y material y por el otro, puede dejar su presencia impresa como una "infección" en cualquiera de sus hijos. En *Como agua para chocolate*, esta madre vampiro infecta a Rosaura y a la muerte de la madre, la hija asume la continuación del mal. Toma la bandera de la "tradición" caprichosamente interpretada. Por otra parte, el embarazo psicológico de Tita es consecuencia directa de la presencia fantasmagórica de la culpa personal que no se ha purgado. Sólo cuando la boca puede liberarse de los hilos que la ataron y se abre para gritar "la odio, siempre la he odiado" el fantasma desaparece, sólo entonces la comida cumple su función verdadera de dar vida y bienestar a los hombres pues se ha recuperado el uso íntegro de la voluntad y la razón de nuestra existencia.

A partir de que en *Como agua para chocolate* me enfrenté con una madre bruja y la vencí, no sólo le di a mi boca y a mis manos

la capacidad de recibir sustancias que alimen-
taran mi libertad, sino que recuperé el sueño
en el momento en que ahuyenté de mí el temor
de que por las noches apareciera una madre
bruja a "chuparme la sangre".

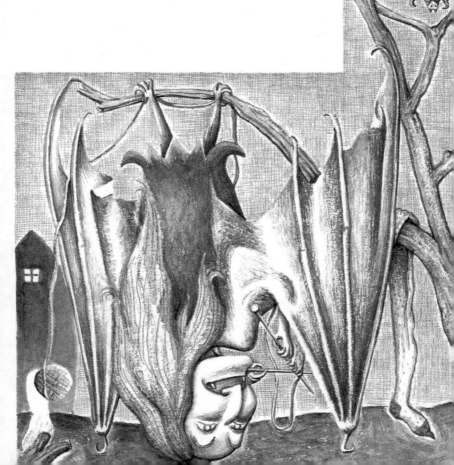

Procedencia de los textos que componen este libro

"En torno al fuego"

Discurso pronunciado en el auditorio del Museo Nacional de Antropología de la Ciudad de México en enero de 1993, al recibir el premio de la Mujer del Año 1992.

"¡Arriba Dios! ¡Abajo el Diablo!"

Texto censurado por los dirigentes del Festival del Centro Histórico de la Ciudad de México y publicado por el periódico *Excelsior*, el 8 de abril de 1990.

"Sopa de manzana"

Publicado en la revista *Vogue* de México, octubre de 1989.

"Entre dos fuegos"

Prólogo del libro recopilatorio de recetas *An Appetite for Passion*. New York, Hyperion, 1995.

"Mole negro de Oaxaca"

Publicado en la revista *Vogue* de México, mayo de 1989.

"Íntimas suculencias"

Ponencia presentada en la Feria del Libro de Guadalajara, México, en 1990.

"Manchamanteles"

Publicado en la revista *Vogue* de México, junio de 1989.

"El maná sagrado"

Prólogo del libro *The Secrets of Jesuit Bread Making*. Rick Curry.
Harper Collins, New York, 1995.

"Soufflé de castañas"

Publicado en la revista *Vogue* de México, julio de 1989.

"El chile"

Prólogo del libro *La Cocina de Chile*. Grupo Editorial Azabache. México D.F., 1993.

"Mayonesa adelgazante"

Publicado en la revista *Vogue* de México, noviembre de 1989.

"¡Sea por Dios y venga más!"

Publicado en la revista bimestral *Artes de México*. "El Tequila. Arte tradicional
de México". Núm. 27, noviembre-diciembre 1994.

"El Rosa Mexicano"

Prólogo del libro *Rosa Mexicano*, de Josefina Howard. New York, Viking-Penguin, 1998.

"Madre bruja"

Plática ante un grupo de psicoanalistas, diciembre de 1997. México D.F.

Se terminaron de componer estas

Íntimas suculencias

en noviembre de 1998